莫萨营销

医药保健品销售人员
超级口才训练

程淑丽 编著

人民邮电出版社
北　京

图书在版编目（CIP）数据

医药保健品销售人员超级口才训练 / 程淑丽编著
. -- 北京 : 人民邮电出版社, 2017.1
（莫萨营销沟通情景对话系列）
ISBN 978-7-115-44312-0

Ⅰ．①医… Ⅱ．①程… Ⅲ．①药品－销售－口才学②
保健－产品－销售－口才学 Ⅳ．①F763

中国版本图书馆CIP数据核字(2016)第282000号

内 容 提 要

《医药保健品销售人员超级口才训练》针对医药保健品销售过程中的各种实际情况，全面、具体地介绍了医药保健品销售人员工作中所应具备的基本技能和应对技巧。

本书内容充实、应用性强，分别描述了106个具体的医药保健品销售情景，并通过情景再现、情景分析、口才金句与口才误区四个模块对医药保健品销售人员所应具备的基本技能、专业素养、应答技巧予以说明。其中，情景分析模块针对实例中顾客的种种行为及其实际需求做出了深刻而全面的解析；口才金句模块对医药保健品的销售提出了具有可操作性的建议；口才误区模块则指明了医药保健品销售人员在与顾客沟通的过程中容易出现的失误。

《医药保健品销售人员超级口才训练》是一本可以帮助销售人员提升口才的实务工具书，它既适合医药保健品终端销售人员使用，也可作为销售型医药保健品企业内部培训的教材。

◆编　　著　程淑丽
　责任编辑　贾淑艳
　执行编辑　黄书环
　责任印制　焦志炜

◆人民邮电出版社出版发行　　　北京市丰台区成寿寺路 11 号
　邮编 100164　电子邮件 315@ptpress.com.cn
　网址 http://www.ptpress.com.cn
　北京七彩京通数码快印有限公司印刷

◆开本：800×1000　1/16
　印张：15　　　　　　　　　　2017 年 1 月第 1 版
　字数：226 千字　　　　　　　2025 年 2 月北京第 30 次印刷

定　价：45.00 元
读者服务热线：（010）81055656　印装质量热线：（010）81055316
反盗版热线：（010）81055315

前　言

　　好口才能带来好业绩，好口才能有效说服客户。具备有效的沟通技巧、拥有好口才对于销售、客服人员来说尤为重要。

　　"莫萨营销沟通情景对话系列"图书旨在通过模拟沟通情景，引出沟通技巧，解决沟通问题，让销售、客服人员在轻松阅读中掌握沟通技能，提升沟通能力，打造超级口才。

　　"莫萨营销沟通情景对话系列"图书共计 10 本，包括《销售人员超级口才训练》《电话销售人员超级口才训练》《医药保健品销售人员超级口才训练》《服装销售人员超级口才训练》《导购促销人员超级口才训练》《保险销售人员超级口才训练》《房产销售人员超级口才训练》《汽车销售人员超级口才训练》《客服人员超级口才训练》《物业管理人员超级口才训练》。

　　《医药保健品销售人员超级口才训练》是本系列图书中的一本，主要针对医药保健品销售人员在开展业务过程中的具体环节，以"四位一体"的结构形式将医药保健品销售过程中常见的 106 个销售情景一一展现。其中，"四位一体"针对具体的销售情景，通过"情景对话"进行实景再现，借助"情景分析"说明沟通中的成功之处，最后展示销售技巧，帮助医药保健品销售人员从容地应对销售过程中出现的各类问题，进而提升自身的沟通能力。

　　本书呈现的 106 个销售情景为医药保健品销售人员完整地演绎了销售的整个

过程，再现了优秀的医药保健品销售人员在解决顾客提出的各类问题时，或在应对不同场景的同一问题时所应具备的技巧与专业素质。

值得注意的是，书中提供的销售场景和呈现的具体问题有的可以直接运用于具体的医药保健品销售环节中，有的则需要根据销售现场的实际情况变通使用，切不可生搬硬套。

本书是一本可以帮助销售人员提升口才的实务工具书，它既适合医药保健品终端销售人员使用，也可作为销售型医药保健品企业内部培训的教材。

在本书编写的过程中，孙宗坤、刘伟、李金山、程富建、刘井学负责资料的收集和整理工作，贾月负责图表的编排工作，高玉卓、刘瑞江参与编写了本书的第1章，高春燕、毕春月参与编写了本书的第2章，王淑燕、韩燕参与编写了本书的第3章，李金山、刘莹参与编写了本书的第4章，张天骄、齐艳霞参与编写了本书的第5章，权锡哲、金虎男参与编写了本书的第6章，杨雪参与编写了本书的第7章，关俊强参与编写了本书的第8章，刘俊敏参与编写了本书的第9章，全书由程淑丽统纂定稿。

限于作者水平，书中难免存在疏漏，恳请读者提出宝贵意见，以便本书修订时加以补充和完善。

目　录

第 1 章　热心迎客，在柜台前锁定顾客　/ 1

1.1　顾客在店外观望橱窗内的保健品　/ 2

1.2　顾客围着店外立体促销牌议论　/ 4

1.3　顾客站在店门口往里看，却不进店　/ 7

1.4　顾客拿着宣传单进店　/ 9

1.5　顾客进入店内后离开　/ 11

1.6　顾客细看柜台内的某类药品　/ 13

1.7　顾客着急购买处方药却没有处方　/ 15

1.8　顾客要购买隐私或特殊的药品、保健品　/ 17

1.9　顾客说我先了解一下，稍后上网买　/ 19

1.10　营业高峰期，顾客反复询问销售人员药品信息　/ 21

1.11　顾客来电询问保健品的详细事宜　/ 23

医药保健品销售人员超级口才训练

第2章　精心待客，挖掘需求　/ 25

2.1　顾客认为保健品都是骗人的　/ 26

2.2　顾客刻意回避销售人员推荐的保健品　/ 28

2.3　顾客询问保健品效果不好能不能退换　/ 30

2.4　顾客表明为他人购买而前来了解信息　/ 32

2.5　顾客想买保健品送礼　/ 34

2.6　顾客犹豫买中药还是西药　/ 36

2.7　顾客想要购买的药品并不适合自己　/ 38

2.8　顾客请销售人员推荐药品　/ 40

2.9　顾客认为价格太高，负担不起　/ 42

2.10　顾客对保健品都不满意　/ 44

第3章　真诚待客，激发顾客兴趣　/ 47

3.1　顾客指着广告促销保健品询价　/ 48

3.2　顾客认为保健品效果不如食疗　/ 50

3.3　顾客表示最近经济紧张，买不起保健品　/ 52

3.4　顾客认为保健品有依赖性　/ 54

3.5　顾客表示保健品还没吃完　/ 56

3.6　顾客要求试用保健品　/ 58

3.7　顾客只想购买一直服用的药品　/ 60

3.8　顾客表示哪种药品最便宜，就买哪种　/ 62

3.9　顾客询问现在购买可以几折优惠　/ 64

3.10　顾客反复询问药品的有效期　/ 66

第4章 潜心劝客，化解疑问 / 69

4.1 "这药品会产生什么不良反应吗" / 70

4.2 "这药属于中药还是西药，有效吗" / 72

4.3 "这药的疗程也太长了" / 74

4.4 "长期服用保健品是不是对身体有害" / 76

4.5 "这几种药品有什么区别啊" / 78

4.6 "过敏性体质吃这种药会不会过敏" / 80

4.7 "服用这种药有什么禁忌吗" / 82

4.8 "这种保健是哪生产的，质量可靠吗" / 84

4.9 "给我个新包装吧" / 86

4.10 "这款保健品适合我的症状吗" / 88

4.11 "我朋友说这款保健品疗效不好" / 90

第5章 尽心稳客，解决异议 / 93

5.1 "我身体这么好，不需要买保健品" / 94

5.2 "保健品不能治病" / 96

5.3 "我前几天刚买过，这次不买" / 98

5.4 "我都没听说过这个品牌，用着不放心" / 100

5.5 "我上过好几次当，不敢再相信了" / 102

5.6 "保健品我没法报销" / 104

5.7 "保健品太贵了" / 106

5.8 "不知道疗效如何，我再考虑一下" / 108

5.9 "我回去和老伴商量一下" / 110

5.10 "我要是买贵了，你们要赔我差价" / 112

5.11 "你们店的药品不全，价格还比别家贵" / 114

5.12 "这药还要冷藏存放，太麻烦了" / 116

5.13 "中药疗程长，太麻烦" / 118

5.14 "西药副作用大" / 120

5.15 "我不买国产药，我更信得过进口药" / 122

5.16 "你们卖的中药材是真的吗" / 124

5.17 "你们药店怎么没有优惠活动" / 126

5.18 "这款保健品要是没效果，我要来退款" / 128

5.19 "我不放心在小药店买药" / 130

第6章 诚心留客，善待顾客 / 133

6.1 如何接待点名买药的顾客 / 134

6.2 如何接待目的不明确的顾客 / 136

6.3 如何接待前来询问的顾客 / 138

6.4 如何接待冲动购买的顾客 / 140

6.5 如何接待闲逛的顾客 / 142

6.6 如何接待爱聊天的顾客 / 144

6.7 如何接待老年顾客 / 146

6.8 如何接待中年顾客 / 148

6.9 如何接待年轻顾客 / 150

第7章 恒心签客，临门一脚达成交易 / 153

7.1 "这药能保证效果吗" / 154

7.2 "我还是不买了，价格太贵" / 156

7.3 "我一次买三个疗程，你给我便宜点" / 158

7.4 "我体质和别人不一样，我怕我用了没效果" / 160

7.5 "这仪器操作这么麻烦，我怕回去用不好" / 162

7.6 "血压仪买回去也使用不了几次，还是别买了" / 164

7.7 "我想购买最新的产品" / 166

7.8 "我对老中医免费坐堂不太相信" / 168

7.9 "为了提成，你们肯定推销贵的" / 170

7.10 "我先买一盒，效果好再来买" / 172

7.11 "我是送人的，要是不合适能退吗" / 174

7.12 "万一效果不好，退货很麻烦，还是算了" / 176

7.13 "我忘记带会员卡了，能按照会员价买吗" / 178

7.14 "每次都带人来参加你们的会销，给我便宜点" / 180

第8章 赤心交客，优化服务 / 183

8.1 如何关联销售其他产品 / 184

8.2 如何引导顾客拿单付款 / 186

8.3 如何再次提醒服用的禁忌 / 188

8.4 如何重申操作规范 / 190

8.5 如何留下顾客的联系方式 / 192

8.6 如何说服顾客成为会员 / 194

8.7 如何派送宣传资料 / 196

8.8 如何邀请顾客下次再来 / 198

8.9 如何管理顾客信息 / 200

8.10 如何进行有效的电话回访 / 202

目录

医药保健品销售人员超级口才训练

8.11　如何有效地进行走访　/ 204

8.12　如何巧用药历　/ 206

第9章　耐心抚客，妥善处理投诉　/ 209

9.1　顾客抱怨门店保健品太少，品种单一　/ 210

9.2　顾客抱怨门店网点太少，购买不便　/ 212

9.3　顾客投诉刚买的保健品降价了　/ 214

9.4　顾客质疑宣传单上的免费活动没有举办　/ 216

9.5　顾客投诉用了保健品有不良反应　/ 218

9.6　顾客投诉保健仪器坏了没人管　/ 220

9.7　顾客投诉保健品效果不好，要求退款　/ 222

9.8　顾客投诉"24小时"药店夜间买药没人理　/ 224

9.9　顾客投诉销售人员怠慢服务，态度不好　/ 226

9.10　顾客因非质量问题而要求退换货　/ 228

第1章　热心迎客，在柜台前锁定顾客

1.1 顾客在店外观望橱窗内的保健品

情景再现

保健品专卖店新上架了一批保健品，摆放在橱窗内，顾客透过门店的透明玻璃窗就可以看到。很多顾客停在橱窗前观望，表现出很感兴趣的样子。

情景分析

随着生活水平的提高，人们对健康越来越重视，对保健品的关注程度也随之增加。顾客停在店外盯着橱窗看保健品，说明他们对保健品有兴趣，想要进一步了解商品信息。

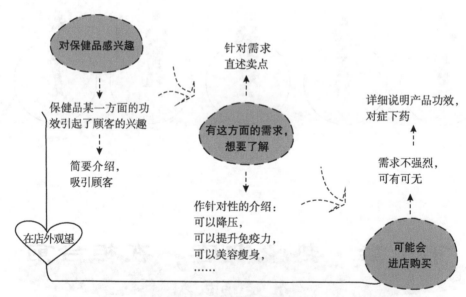

抓住情景重点：（1）先打招呼，一句话留住顾客。
（2）再问需求，将顾客需求与橱窗内的保健品关联起来。
（3）邀请进店，进一步了解顾客需求。

对于在店外驻足观看保健品的顾客，销售人员打招呼要自然，询问需求要灵活，邀客进店要诚恳。只要能把店外的顾客请到店里来，销售就成功了一半。

 **口才金句**

口才1
您好，太太，刚买菜回来啊。这是我们新上架的保健品，有利于降血压、降血脂。您看外面风这么大，吹着多冷。咱们进店暖和一下，仔细看看吧。

通过顾客类似衣着的外表特征，寻机开场，态度自然、亲切。销售人员直接介绍橱窗里保健品的功效，让顾客产生兴趣，再巧妙地运用天气等自然因素邀客进店，这样更显体贴。

口才2
您看的这款保健品主要是针对老年顾客的，对提高老年人的免疫力很有好处，而且这是新配方，它具有其他同类保健品不具有的新疗效。要不我们先进店，再给您拿一盒仔细介绍一下。老年人上了年纪，需要额外补充微量元素来满足身体的需要。您先做个了解，也有帮助，您说对吧？

用保健品的功效和对应人群，激发顾客兴趣，唠家常似的沟通，随和自然。以对老年保健知识的了解来打消顾客害怕导购强制推销的顾虑。

口才3
老奶奶，您看外面人这么多，又隔着玻璃窗，您也看不清楚。保健品这东西不像衣服，看着不错就可以买，咱们得仔细了解它的功效才能做决定，您说呢？我扶您进店，咱们慢慢聊。

站在顾客的角度考虑问题，顺应顾客选择保健品时的慎重心理，再以进店仔细对比从而进一步了解保健品信息为理由，邀客进店。

口才误区

1. 您进来看看吧。

　　这种过于随意的表达方式，难以成功邀客进店。

2. 这是我们新到的保健品，效果可好了，进店来看看吧，您肯定喜欢。

　　这种过于急切的说法，易让顾客产生销售人员拉人进店的不良印象，从而心生警惕，拒绝进店。

3. 进店看吧，进来看看又不要钱。

　　这种说法容易让顾客感受到销售人员对自己的蔑视和不屑，产生不满。

4. 您在店外看也看不明白，还是进店我给您介绍一下吧。

　　这种说法是对顾客认知能力的质疑，容易让顾客产生逆反心理。

1.2　顾客围着店外立体促销牌议论

情景再现

　　为了让顾客能够更多地关注健康以及医药保健品，门店特意举行了促销活动。放在店外的立体促销牌引来了很多顾客围观。大家围着促销牌，不停地议论着。

情景分析

　　医药保健品终端销售竞争激烈，门店通过各种媒介为保健品做宣传，用优惠活动造势。立体促销牌在吸引顾客眼球的同时，也成为了顾客随机性购买影响因素中的重要一点。

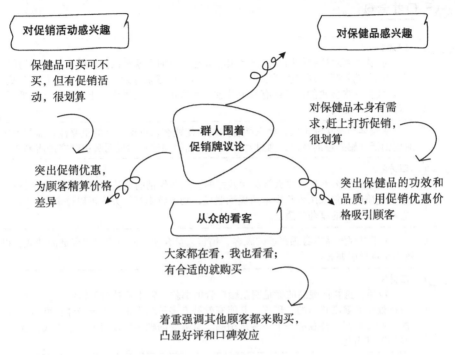

对促销活动感兴趣

保健品可买可不买，但有促销活动，很划算

突出促销优惠，为顾客精算价格差异

一群人围着促销牌议论

对保健品感兴趣

对保健品本身有需求，赶上打折促销，很划算

突出保健品的功效和品质，用促销优惠价格吸引顾客

从众的看客

大家都在看，我也看看；有合适的就购买

着重强调其他顾客都来购买，凸显好评和口碑效应

抓住情景重点：（1）强调促销价格，为顾客精打细算。
（2）强调保健品功效，让顾客觉得物有所值。
（3）强调口碑效应，推动顾客购买。

促销活动对顾客产生了强烈吸引。销售人员在面对围着促销牌议论的顾客时，推荐要具有针对性，这样才有可能将大批的潜在顾客转化为现实顾客。

医药保健品销售人员超级口才训练

 口才金句

口才1

我看大家对这款促销的保健品很感兴趣，说明大家都认同保健品对身体的保养和调节功效吧？现在生活节奏这么快，压力也越来越大，身体健康比什么都重要。我们这次促销的商品还有其他几款。大家可以进店里看一下，有什么需要了解的，可以随时叫我。

从顾客切身实际出发，激发顾客共鸣，使顾客认可保健品的重要性。抓住顾客对促销活动感兴趣的特质，通过对店内其他促销保健品的说明吸引顾客进店购买。

口才2

保健品要么不买，要么就买功效好的。现在促销的这款保健品是同类保健品中最优质的，它采用六味中草药提炼制成，功效特别好。大家可以过来闻一闻，它有一股浓郁的草药味道。

对于对保健品本身感兴趣的顾客，销售人员介绍产品时要突出保健品功效，以核心卖点吸引顾客。

口才3

没错，这款保健品的确是明星做广告的那款，它主要针对工作忙、压力大、身体处于亚健康状态的上班族，其能有效补充多种维生素，提升身体免疫力。这次我们做促销，特意准备了一些试用品。有需要的顾客可以留下联系方式，登记并领取试用装。

通过明星效应，渲染并引入话题；通过对销售要点的介绍吸引顾客注意，同时利用促销手段获得顾客的有效信息。

 口才误区

1. 促销了，进来看看吧。

这种过于直接的表达方式，会让顾客理解为："你是认为我们就只能买促销品吗？"

2. 大家都进店看看吧。

这种说法太过大众化、随意，没有足够的理由吸引并说服顾客进店。

3. 大家别挡着促销牌讨论了，有什么需要和我说。

这种不礼貌的说法，容易让顾客感受到销售人员的不满情绪，挫伤购买热情或是引发矛盾。

4. 促销牌上的保健品店里就有，进店看看吧，功效可好了。

这种不专业的沟通方式，由于显得过于急切地拉客进店，难以取得顾客信赖。

1.3 顾客站在店门口往里看，却不进店

情景再现

一位顾客慢慢地走到保健品专卖店门口，站在店门口往店里看，却迟迟没有进店。

情景分析

对于一般顾客来说，在购买时，需求、兴趣与质疑、顾虑是并存的，顾客站在店门口往里看却不进店的这种行为，正说明了这一点。

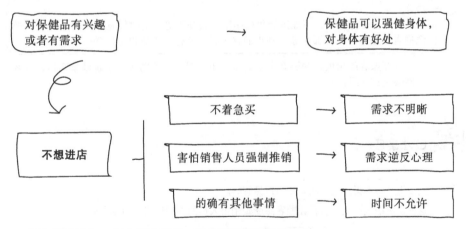

抓住情景重点： （1）消除犹豫，买或不买都不影响观看。
（2）转变思维，是寻机推荐而不是推销。
（3）欲速则不达，先让顾客了解有关保健品的信息，增加顾客知识面。

顾客站在门口向里看却没有进店咨询，说明阻碍顾客进一步了解保健品信息的因素抑制了顾客的兴趣。只要找到这些因素，就能将顾客从店外请进店内。

医药保健品销售人员超级口才训练

口才金句

口才1

女士，进店里仔细看看吧，买不买都没关系。我看您和我年纪相仿，咱们这代人工作忙，压力大，还要照顾家庭。您进店来随便看看，多了解了解信息，没准以后用得上呢。

用"买不买都没关系"的说法安抚不想进店的顾客，再用同龄人的典型现状引起顾客共鸣，拉近关系，这样让顾客进店就变得轻松、容易了。

口才2

先生，到店里看看，我们门店口碑一直不错，最近又新引进了很多大品牌。如果您有想咨询的问题，我可以帮您详细解答，您也可以随便看看，我肯定不会打扰您，您放心吧。

以口碑和新进保健品吸引顾客注意，占据主动地位，坦诚给予顾客选择空间，让顾客安心。

口才3

您反正是在等人，不如进店里坐坐吧，我知道等人的时候觉得时间过得特别慢，您进店里逛逛，看看那些健康知识的宣传册，有什么需要也可以随时叫我。

站在顾客的角度，为顾客考虑周全，服务周到，帮助顾客了解健康知识，顾客自然会走进店里。

口才误区

1. 还没想好买不买，也不能总在门口晃悠啊。

这种说法语气强硬，容易让顾客感受到销售人员的不满情绪，引发矛盾。

2. 进店看吧，在门口能看见什么啊。

这种敷衍的沟通方式，没有足够的理由吸引并说服顾客进店选购保健品。

3. 您就进来看看吧，我们的保健品可好了，肯定适合您。

这种说法不专业，在不清楚顾客需求的时候，销售人员所说的"适合"难以让顾客信服。

4. 您在门口看了这么久，如果进店的话早就选好保健品了。

这种说法过于直接，直接质疑顾客的行为会让顾客很尴尬。

1.4 顾客拿着宣传单进店

 **情景再现**

保健品店搞促销活动，店员在门店外发放保健品促销宣传单，一位顾客接过宣传单后走了进来。

 **情景分析**

宣传单起着宣传商品，吸引顾客的作用。顾客拿着保健品的宣传单走进店内，说明顾客被宣传单上的保健品信息所吸引。

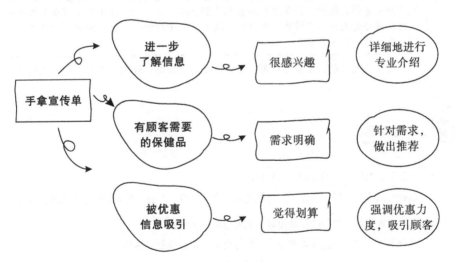

抓住情景重点：（1）锁定话题：有交流，就有机会。
（2）放大需求：针对需求推荐保健品。
（3）对比价格：让顾客觉得物超所值，机不可失。

面对这种拿着宣传单进店的顾客，销售人员要将顾客的视线从宣传单拉回到保健品上来，加深顾客购买需求，发挥促销优势，促使顾客购买保健品。

医药保健品销售人员超级口才训练

 口才金句

口才1

　　女士，您手里拿的这份宣传单上面涵盖了我们店口碑很好的几款保健品，它们对于预防血栓的效果非常好，不知道您具体想了解哪一款？我给您详细介绍一下。

　　一句话将话题锁定在宣传单上，让顾客顺其自然地说出自己的具体需求。

口才2

　　您眼光真好，宣传单上的这款保健品包含了阿胶、酸枣仁、枸杞等原料，有助于养气凝神，缓解失眠多梦、神经衰弱、虚烦不眠等症状。如果您失眠的话，可以尝试服用这款保健品。

　　当顾客被宣传单上的保健品吸引时，可以详细介绍保健品的成分、适应症和具体疗效，强调服用后会产生的疗效，加大吸引力。

口才3

　　这款保健品是我们自己研制的，里面富含多种微量元素，对加速新陈代谢、延缓皮肤衰老很有帮助，很多女性顾客都特别喜欢。现在凭宣传单购买可享九折优惠，这种保健品是五盒一个疗程。如果您一次购买一个疗程，在九折的基础上还可以再打九折。您看您买几盒？

　　对于优惠活动，要解释清楚优惠力度及活动规则，让顾客买得明白，买得放心。

 **口才误区**

1. 宣传单上有保健品的介绍，您先自己看看吧。

　　这种沟通方式消极，放弃了主动跟顾客沟通的机会，失去了最先了解顾客需求的优势。

2. 我觉得宣传单上的保健品都很好，您可以买回去试试。

　　这种笼统的说法不能让顾客全面了解保健品，难以说服顾客购买。

3. 您是买这款打折的保健品吗？我给您介绍。

　　这种说法过于直接，会让顾客理解为："难道你就觉得我只能买打折的保健品吗？"

4. 宣传单上的保健品都在那，您看看吧。

　　这种沟通不够专业，在没有询问顾客具体需求的情况下，将一堆保健品推荐给顾客，让顾客无从看起。

1.5　顾客进入店内后离开

情景再现

顾客走进保健品店，在各个货架前浏览了一圈后，转身准备离开。

情景分析

顾客没有明确需求时，在进入保健品店后通常表现为随意浏览，东看西看。顾客转了一圈后准备离开，可能有以下几方面的原因。

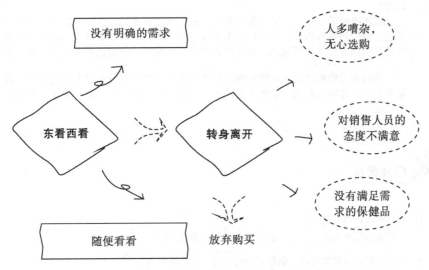

抓住情景重点：（1）主动引导：将顾客带到需要的商品货架前。
（2）态度热情：不要冷落每一个潜在顾客。
（3）贴心推荐：针对顾客需求及偏好推荐。

销售人员在面对进店后四处浏览的顾客时，要主动引导，热情询问，推荐要有针对性，这样就能将那些转身准备离开的顾客挽留下来。

医药保健品销售人员超级口才训练

口才金句

口才1

小姐，请留步，我们店因为扩建重新进行了装修，保健品的摆放位置也做了调整，您是没找到想要的保健品吗？您想买哪方面的，我可以帮您介绍。

巧妙地运用门店装修时保健品位置调整的原因挽留顾客，真诚热情地询问顾客需求，主动引导，为顾客提供帮助。

口才2

实在不好意思，先生，怠慢您了。刚才看您好像在找某种保健品，我一时忙碌没能及时赶过来，我们店保健品特别齐全，针对各个年龄段、各种症状的都有，您需要哪一款，我可以为您详细介绍。

诚恳地向顾客表达歉意，争取顾客的谅解，再仔细询问顾客的需求，说明门店品种齐全，一定有顾客满意的保健品。

口才3

您才刚看了一会儿，怎么就急着离开呢？可以和我说说您想选购什么样的保健品吗？我们店里有的话，我可以拿来让您仔细看看；就算店里没有，我也可以给您推荐其他同等疗效的保健品，这样您再去选购的时候，也可以有个比较，您说呢？

先以朋友聊家常的方式探询顾客的购买动机，再巧妙地向顾客传达不论店内是否有他需要的保健品，销售人员都可以为其进行介绍，这样既显专业，又赢得了机会。

口才误区

1. 别急着走，再看看吧。

这样的说话方式有失水准，没有充分的理由留住顾客。

2. 这么多保健品您都没看，那您到底想买什么样的啊？

这种沟通方式很不礼貌，过于强硬的询问容易让顾客反感。

3. 慢走，欢迎下次再来。

没有顾客愿意多次进入药店选药，这种说法容易引发顾客不满。

4. 别走啊，我们店保健品都是最好的，肯定有您喜欢的。

这种表达不够专业。过于随意和绝对的说辞是难以让顾客信服的。

1.6 顾客细看柜台内的某类药品

情景再现

顾客走进药店，转着转着，停下脚步，弯腰细看柜台里摆放的某类药品。

情景分析

顾客在选购过程中，即使没有语言表述，他们的身体也会发出一些明显信号，来表明他们的兴趣或需求。而顾客弯腰细看柜台里的药品，正是这些身体语言信号中的一种。

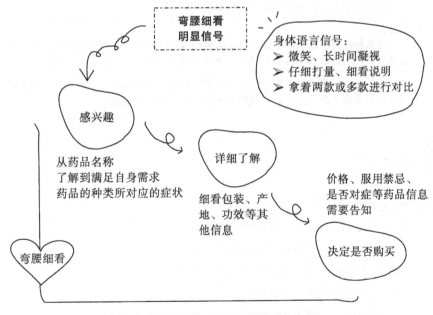

弯腰细看
明显信号

身体语言信号：
➤ 微笑、长时间凝视
➤ 仔细打量、细看说明
➤ 拿着两款或多款进行对比

感兴趣

详细了解

从药品名称
了解到满足自身需求
药品的种类所对应的症状

细看包装、产
地、功效等其
他信息

价格、服用禁忌、
是否对症等药品信息
需要告知

弯腰细看

决定是否购买

抓住情景重点：（1）发现顾客兴趣，主动进行针对性介绍。
（2）需求反馈：顾客一边看，销售人员一边补充讲解。
（3）展现细节，确认对症后，进一步就包装内容信息进行讲解。

销售人员发现顾客弯腰看医药保健品，要先确认顾客需求，再详细介绍，为顾客提供专业指导性服务。

口才金句

口才1
这款改善睡眠的药品是采用最新配方研发并选用九种中草药材提炼而成的。那些药材都是由我们的药材种植基地提供的，药效和安全性有保证。

在顾客低头观看的同时，主动介绍药品配方以及药材等详细信息，突出卖点，满足顾客对信息的需求，使顾客心里有底。

口才2
这款药品是专门针对老年人记忆力减退的，它与其他增强记忆力的药品最大的区别在于，它综合考虑了老年人的身体状况及药物吸收等各方面因素，无副作用，真的很不错。我拿给您看一看。

直接向顾客传达药品最大的卖点和独一性的功效，使药品优势一目了然；适时将药品拿给顾客，以便进一步提供信息。

口才3
这款药品治疗效果非常好，但是如果您本身肠胃不好，也可以试试另外一种。这两种药品的效果差不多，只是另一种药效稍微温和，我拿给您看一看。

肯定顾客选择药品的准确性，但是同时从专业角度提醒顾客药品的适用人群；站在顾客角度考虑问题，并合理推荐其他药品，直至顾客满意。

口才误区

1. 这药品不错，您买吗？

这种没经过设计的开场，只会把顾客吓跑。

2. 您看的这药品肯定不适合您，我给您推荐另外一款。

这样直接的说法，主观因素太重，会让顾客感觉一头雾水，摸不清状况。

3. 先生，这个药价格偏贵，您需要吗？

这种说法不礼貌，顾客会因感觉自己被轻视而直接离开。

4. 您需要这种功能的药品啊，我们这还有很多类似的，您看。

在没摸清顾客的具体需求前，就贸然推荐给顾客太多药品，容易让顾客无从选择。

1.7 顾客着急购买处方药却没有处方

情景再现

一位顾客急急忙忙走进药店，对销售人员说："我想买 ×× 药品。"销售人员提醒顾客："先生，这是处方药，您有处方吗？"顾客诧异地说道："我没有啊，小孩生病了，着急用，帮帮忙吧。"

情景分析

在很多顾客心目中，药店就是救急、方便的代名词。由于药店一般离住所距离近，也不需要像医院那样挂号、排队，因此很多人出现头疼脑热的小毛病时，首选去药店，而这使得一些顾客无处方到药店买处方药。

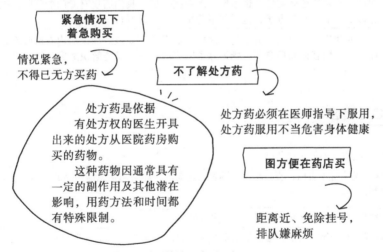

抓住情景重点：（1）主动讲解，说明弊端，表示理解。
　　　　　　　　（2）耐心说明，指导顾客，建议到医院购买。
　　　　　　　　（3）坚持原则，让销售更规范，为顾客健康负责

面对没有处方却要求买处方药的顾客，销售人员要站在顾客角度为顾客分析处方的重要性，争取顾客的理解，赢得顾客信赖。

医药保健品销售人员超级口才训练

 口才金句

口才1

不好意思，您要买的药需要处方，没有处方我们药店不能卖给您。由于很多患者不了解处方药的特点，对自己的身体体质又没有全面的认识，在没有医师指导的情况下用药，会产生很多不良反应，从而危害身体健康，因此我建议您还是到医院就诊后拿处方来买药。

向顾客诚恳地表示歉意，并详细说明在没有医师指导下服用处方药的危害，取得顾客的谅解和信赖。

口才2

咱们买药吃药还不都是为了身体健康，关于健康的事千万不能怕麻烦。用药不当产生了过敏或者其他不良反应，对您身体造成的危害是不容忽视的，到时候不但看病会更麻烦，身体也受苦。您说呢？

设身处地地为顾客分析，设想用药不当可能会带来更多的麻烦和痛苦，说服顾客主动放弃无处方买药。

口才3

无处方买药存在很多危险因素，为了每一位顾客的健康着想，我们一直凭处方卖药。既然您这么着急，也不能让您白跑一趟，我们店里有专门的医师，先让他为您诊断一下，开个方子，这样您用药也安心，您看行吗？

说明店内一直凭处方卖药，这样更显专业、规范。如果店内有医师看诊，可以让医师为顾客诊断后拿药，既消除了顾客的顾虑，又能解决顾客急需药品的问题。

 口才误区

1. 没有处方，不能卖您药品。

这种说法过于直白，直接拒绝了顾客买药需求，如果遇到急需药品的顾客，容易引发争执和冲突。

2. 没有处方来买什么药，您得去找大夫开处方去。

这样置身于第三者的角度的话语是对顾客的直接质疑，容易让顾客感到尴尬。

3. 没有处方不卖处方药，这是规定。

这种太生硬的表达方式，会让顾客觉得不近人情。

4. 您稍等，我这就给您拿。

这种不专业的说法是对顾客无方买处方药的认可。如果顾客用药不当，会对身体健康造成危害。

1.8 顾客要购买隐私或特殊的药品、保健品

情景再现

顾客走进店来，看周围有很多顾客，就一直在浏览药品，等到顾客都离开的时候，才犹犹豫豫、欲言又止地对销售人员说："我想要买 ×× 药品。"

情景分析

顾客想要购买隐私的保健品，不愿意在众目睽睽下直接说出来，这时候顾客或随意浏览，等其他顾客走后再细看保健品；或一言不发，对销售人员的询问保持沉默。

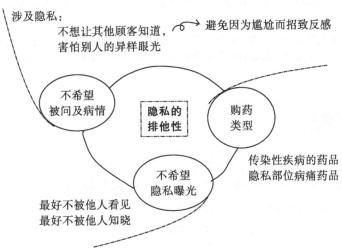

涉及隐私：
不想让其他顾客知道，避免因为尴尬而招致反感
害怕别人的异样眼光

不希望被问及病情

隐私的排他性

购药类型

传染性疾病的药品
隐私部位病痛药品

不希望隐私曝光

最好不被他人看见
最好不被他人知晓

抓住情景重点：（1）多留空间，尊重顾客隐私，让顾客放心选购。
（2）小心措辞，避免提及病人隐私。
（3）注意说话环境及音量，多用"这个""那个"替代。

当顾客想购买隐私的保健品或药品时，销售人员一定要尊重顾客的隐私权，

不管是否在为顾客推荐保健品或药品，交谈中都应注意顾客的反应，言行谨慎。

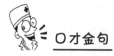 口才金句

口才1

您看，这类保健品都在这个柜台里，每一款的介绍都很详细。您可以自行挑选，选好后，填写一张购药卡，直接到收款台交费。我们的工作人员会直接给您包装好。柜台上就有购药卡和笔，很方便的。

给顾客留下足够的选购空间，并仔细介绍相关流程，让顾客安心选购，巧妙运用"不见面式销售"的方式，让顾客安全感更高。

口才2

哦，好的，我明白。您看这几款是专门治疗的药物，您以前都用过哪个牌子的药品呢？可以指给我看。

在顾客购买特殊药品时，巧妙地将顾客引到柜台前，同时低声询问顾客过往使用过的药品品牌，通过指点的方式沟通，充分尊重顾客的隐私权。

口才3

这两种保健品都是为女性顾客研制，同一个厂家生产的，产品品质相差不大，其中左边的更适合年轻女性使用，右边的则更适合中年女性。我觉得左边的更合适您，您觉得呢？

避免直接说出保健品敏感、隐私的功效，多用代替词语。介绍保健品之间的显著差异，贴心推荐最适合顾客的保健品，快速结束顾客选购，解除尴尬，成功销售。

 口才误区

1. 您要买××保健品啊。（声音过大）

过高的音量会引来其他顾客的关注，顾客也会因为隐私暴露而不满。

2. 我们这有一款专门针对您需求的保健品，××功效特别好，我给您详细的介绍一下。

过于热情地为顾客介绍比较隐私的保健品，容易让顾客产生反感。

3. 您需要××功能的保健品吗？在这边。

直接说出顾客需求，会让顾客感到尴尬。

1.9 顾客说我先了解一下，稍后上网买

顾客走近药品或保健品柜台，慢慢浏览货架上的药品。销售人员热情地迎上去询问顾客需求时，顾客摆摆手说："我就随便看看，先了解一下，稍后上网买。"

情景分析

随着 B2C 电子商务平台的不断完善，网购已经成为了一种时尚。顾客声称先了解一下，稍后上网买，这在表明顾客的兴趣或需求的同时，也说明了顾客对网购药品优势的认可。

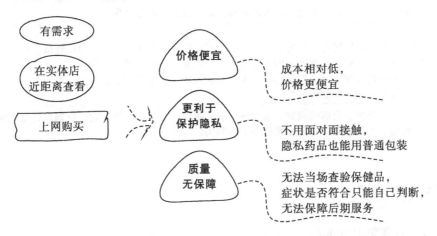

抓住情景重点：（1）虽然产品价格便宜，但品质如何保障？不直接沟通，服用禁忌如何知晓？
（2）从下订单到物流配送直至收货，时间长，不确定性大，可能造成信息泄露。
（3）如实告知，网络购买有优势也有风险。

面对这种想先了解信息，然后到网上购买的顾客时，销售人员要如实告知网购药品的安全隐患，同时对于部分能通过网络途径购买的常规药品或保健品，也

要如实说明网购的安全隐患。

口才金句

口才1

　　网上购药的确很方便，我们药店也有电子商务认证网店。您想购买哪类药品，我先给您详细介绍一下，这是我们药店的名片，您按照上面的网址登录即可。如果您还有不明白的问题，我们还有医药顾问提供药品咨询，非常方便。

　　说明药品通过了认证，拥有交易资格，这两重销售资格证明网店正规，让顾客安心；通过递送名片提供药店网址，且有医药顾问提供药品咨询，显得更为专业、方便，这样能吸引顾客。

口才2

　　网购的确方便，但也存在很多隐患。由于网络的虚拟性，药品安全难以保证。另外，很多看似合规的网上药店利用电子商务平台打擦边球，销售一些非网络销售药品，我建议您如果还是想通过网络购买，一定要选择直接的生产厂家或正规药店的B2C平台，同时注意查看该店铺是否有互联网药品交易服务资格证书。

　　提醒顾客网络购买一定要慎重，同时告知顾客正确判断的两个标准。站在顾客的角度沟通，就能拉近与顾客的距离，留下深刻的服务印象。

口才3

　　网购虽然便宜，但对于药品来说并不适用，由于互联网药品销售资格争夺激烈，市场准入严格，因此药品的价格也不一定便宜。另外，通过网络购买，还存在发票和收据的管理问题、报销问题。不管是在品质上还是在后续服务上，都不如在药店买更让人放心。您说呢？

　　分析网上药店的现状，说明网上购药报销、服务和品质问题，让顾客转变网购便宜、方便的思维，从而选择在店内购买。

口才误区

1. 哦，那您自己先看着。

　　这种说法方式过于消极。销售人员直接放弃了顾客，从而彻底失去了交易机会。

2. 网上也便宜不了多少。

　　这种说法直接点明了顾客看重网购便宜的心理，不仅让顾客尴尬，而且理由不充分，难以改变顾客的购买决定。

3. 网上的药品假的多，哪有我们店的药品好。

　　这种言辞过于直白，且主观性强，容易让顾客产生反感和逆反心理。

1.10 营业高峰期，顾客反复询问销售人员药品信息

情景再现

在营业高峰期，店里来了不少顾客，其中一位顾客拿着一款药品反反复复地询问药品的成分、功效、禁忌等信息。

情景分析

营业高峰期，顾客反复询问销售人员药品信息，一方面说明顾客选药谨慎；另一方面说明在销售人员招呼多名顾客时，每一名顾客都希望得到更多的重视。

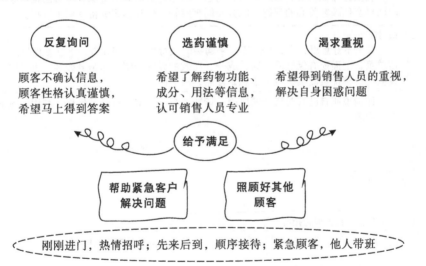

抓住情景重点：（1）一视同仁：进店的所有顾客，都要认真接待，耐心回答，切忌顾此失彼。
（2）分清轻重：精力适当倾斜给紧急和重要的顾客。
（3）忙不过来时适当寻求其他销售人员的帮助。

对于营业高峰期间拉着销售人员反复询问药品信息的顾客，销售人员一方面要安抚顾客，并明确告知信息；同时要利用技巧，寻求其他销售人员的帮助，兼

第1章 热心迎客，在柜台前锁定顾客

顾其他顾客。

 **口才金句**

口才1

您拿的这两款药品一款是降血压的，一款是增强免疫力的，功能适应症完全不同。我想知道您具体是要买哪种功能的药品，这样我才能给您推荐。您说呢？

面对顾客的不断询问，销售人员要通过技巧性发问将信息反馈给顾客；以二选一式的选择性问题，提醒顾客考虑清楚，比如询问顾客想选择什么功能的药品，给什么年龄段的人购买等。

口才2

先生，这是药品说明书，上面对于您提出的问题，有专业的描述。抱歉，我有事情先离开一下，这是我的同事，您有什么不懂的问题也可以直接问她。那您先慢慢看。（转而对同事交代顾客反复提问的几个问题，提醒同事详细讲解）

利用药品说明书，为顾客回答问题；巧用身边的同事资源，帮自己接待顾客；向同事交代顾客关心的问题，既方便同事解答，也让顾客觉得受到了重视。

口才3

真是不好意思，今天是店庆，来购买的人特别多。您先看一下这款保健品的宣传单页，上面配有保健品厂商、成分、功效的详细介绍。您是老顾客，也可以看看我们的价格优惠政策。我去给您拿样品，马上回来。

详细说明自己暂时离开的原因，请顾客自己了解保健品及价格，利用时差兼顾其他顾客。

 **口才误区**

1. 您先看着，我去那边招呼一下。

这种厚此薄彼的说法，容易让顾客感觉到自己不受重视且挫伤其购买热情。

2. 刚刚不是和您说过了吗？

语气中充满了不耐烦和抱怨，容易让顾客感到不满，从而引发矛盾。

3. 这么好的保健品，您就放心买吧。

这种说法主观性强，催促顾客购买的意思明显，容易让顾客产生反感和逆反心理。

1.11 顾客来电询问保健品的详细事宜

 情景再现

保健品专卖店内销售人员正在忙着接待顾客，电话铃声突然响起，是一位顾客在街上看到专卖店某款保健品的宣传广告，特意打来电话询问具体的信息。

情景分析

对于来电咨询的顾客，销售人员要认真对待。顾客打来电话咨询，说明顾客认可这款保健品的基本功效，想要了解具体信息。

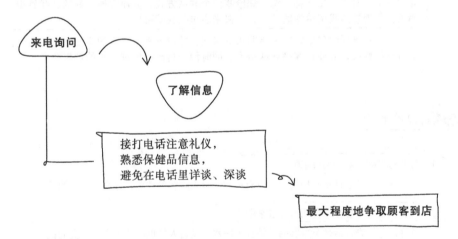

抓住情景重点：（1）强调保健品特色和亮点，增强来电顾客的兴趣。
（2）适度渲染热销现状，引起来电顾客的紧迫感。
（3）留下顾客详细信息，争取顾客来店购买的机会。

顾客来电咨询，表明顾客对该款保健品感兴趣。销售人员要熟知所出售保健品的各种信息，同时在第一时间获取顾客的联系方式，这样才能抓住机会，吸引来电顾客，争取顾客到店内洽谈的机会。

口才金句

口才1

您好，××保健品专卖店。您有什么想询问的，我可以帮您。

无论是接听还是拨打电话，销售人员都要礼貌且清晰地报出"家门"，让来电顾客对门店以及销售人员有深刻的印象。保健品市场竞争激烈，客户能记住谁的名字，谁的胜算自然就大些。

口才2

您所说的这款保健品是我们店内的明星产品。这款保健品可以作为辅助药品，它的功效较好，很多老年人一买就是几个疗程，反馈都很好。本周我们药店有买赠活动，建议您这几天有空来店里看看。

概括说明保健品的功效和核心卖点，通过口碑效应吸引顾客，利用优惠活动吸引顾客到店购买。

口才3

是的，女士，您可以明天上午过来。上午顾客相对不是很多，我正好给您详细介绍一下。对了，怎么称呼您，您给我留个联系方式，方便沟通。好的，我姓崔，明天上午您按照我留给您的地址，直接来店里找我就可以。

尽量在电话中敲定顾客来店购买的时间，并留下来电顾客的详细信息；通过留下自己的姓氏，方便顾客确认联络人，同时便于自己提供进一步的销售服务。

口才误区

1. 您要感兴趣，就直接过来吧。

这种笼统、随意且不准确的表达没有传达出重视顾客的理念，很容易失去顾客。

2. 现在忙着呢，您过一会儿再打过来吧。

这样的开场方式给来电顾客的热情浇了冷水，销售人员也因此失去了成交的机会。

3. 对不起，我刚来，还不是很熟悉。请稍等，我问一下。哦，先生，那款保健品卖完了。

对顾客提出的问题，要快速反应，积极回应，不要推诿，不能用类似的消极词汇来回答。

第 2 章　精心待客，挖掘需求

2.1　顾客认为保健品都是骗人的

情景再现

销售人员上前热情地招呼顾客，顾客笑着说："保健品都是骗人的，我可不需要。"

情景分析

顾客认为保健品都是骗人的，事实上是因为顾客并不了解保健品的实际功效，从而存在误解。

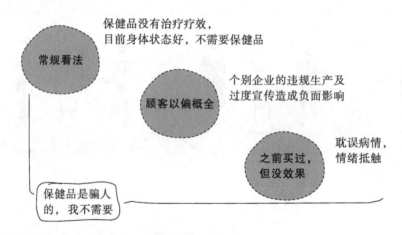

抓住情景重点：（1）先理解：理解顾客的这种想法。
（2）再问明：顾客为什么这么想。
（3）细解答：阐述保健品的功效，针对原因详细解答和沟通。

销售人员在面对有抵触情绪的顾客时，要给予顾客相对自由的购买空间，通过拉近关系，从侧面介绍保健品以减轻顾客对保健品的敌视，从而帮助顾客挖掘出自身的真正需求。

口才金句

口才1

女士您好，其实我特别理解您的想法。因为保健品的确不是药，所以没有明确的治疗功效，它只是提供了补充身体各个组织或器官需要的养料。比如说这种保健品吧，它针对亚健康人群，能增加抵抗力，为我们补充微量元素，从而达到改善体质、强壮身体的效果。

避开矛盾冲突点，先肯定对于不熟悉保健品的顾客的想法，再以生动的比喻详述保健品的特性；以某种保健品为例作为切入点，引导顾客说出需求。

口才2

您说得有道理，类似于"保健品可以治病"这样的说法的确夸大。其实保健品是针对特定人群而设定的商品，比如说降血脂的保健品和药品搭配使用，就能起到非常好的辅助治疗作用。我们的保健品都是符合国家相关规定，经国家相关部门批准且有批文才上市的。您看这种……

面对顾客的质疑，表明"保健品能治病"这种说法不正确，既从侧面纠正了违规销售人员夸大功效的说法，又重申了保健品的辅助功效，并通过国家相关政策予以说明，树立了威信。

口才3

哦，原来您是这样理解的，那您为什么会有这样的想法呢？您以前用过什么保健品吗？

首先要态度坦诚，再用疑问句式探明顾客对保健品不信任的原因，例如因为顾客曾上当受骗才会这么说。找到具体原因，问题就迎刃而解了。

口才误区

1. 您放心好了，这种保健品效果挺好的。

这种笼统的说法没有说服力，让顾客反而觉得你在骗人。

2. 怎么可能是骗人的，电视台都有我们的广告。

这种表达不到位，直接质问顾客会给顾客留下不礼貌的印象，进而降低了顾客对销售人员的好感。

3. 您不试一试怎么知道是骗人的呢。

这样说话欠考虑，未体现销售人员应有的职业态度。

2.2 顾客刻意回避销售人员推荐的保健品

情景再现

顾客点名要购买某类型的保健品，销售人员帮顾客挑选了几款，顾客却看也不看地说："你推荐的这些我不要。"

情景分析

顾客在购买保健品时，对销售人员总是持有戒心，他们觉得销售人员推荐的一定是价格昂贵或销路不好的保健品，因此才会刻意回避。

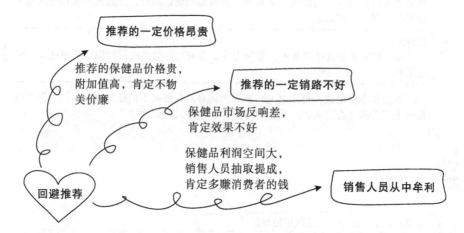

抓住情景重点： （1）突出卖点：推荐的保健品是最符合顾客需求的。
（2）价格合理：价格在顾客心理预期内。
（3）专业素质：适合顾客的才是值得推荐的。

当顾客刻意回避销售人员推荐的保健品时，销售人员应该详细说明保健品的物美价廉，让顾客先认可保健品的优良品质，以真诚的态度打动顾客。

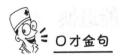

口才1
针对您刚刚所描述的症状，这几种保健品的效果非常好。我为您详细介绍一下，您可以做个比较。

给顾客做推荐时，最好同时推荐几类保健品，方便顾客从中选择，同时避免让顾客产生销售人员推销意图明显的误解。

口才2
这款的性价比是非常好的，顾客的口碑反应也不错，因此我才帮您做了推荐。您看相同功效的保健品在柜台里还有这几款，它们的功效都差不多，但是价格差别很大。您看您选哪一款，我再给您详细介绍一下。

通过说明保健品的性价比直接打消顾客觉得推销的保健品价格贵的质疑，使用对比法，让顾客自己发现被推荐的保健品的性价比是最高的。

口才3
真对不起，刚才没有听清您的具体需求。您是想为父母选购一款蛋白粉类的保健品吗？

确认是否是由于销售人员没听清顾客的需求，才会导致顾客的直接拒绝，同时通过这种以退为进的方式能再次吸引顾客的注意，从而为接下来的介绍打下基础。

口才误区

1. 我给您推荐的都是十分好的保健品。

这种表达过于含糊，不清晰。顾客还是不知道保健品的具体优势。

2. 您就买这款吧，这款最适合您。

这种说法太牵强，顾客不会接受销售人员的推荐。

3. 我们店里就这么几款，你自己挑吧。

这种说法欠考虑，销售人员对待顾客要有耐心。

4. 那您再看看别的吧，根据您刚才说的，我觉得合适的都在这里了。

态度不专业，这种消极带有抱怨语气的销售说法有放弃顾客的意思。

第 2 章 精心待客，挖掘需求

2.3 顾客询问保健品效果不好能不能退换

 **情景再现**

销售人员帮顾客推荐了相关保健品，顾客把保健品拿在手里看了看，问销售人员："如果这盒保健品效果不好，我能过来退换吗？"

 **情景分析**

效果是顾客衡量一种保健品值不值得购买最重要的因素，为求保险顾客通常都会顾虑"万一买了没效果，怎么办？"如果商家能够给予退换，购物风险就会降低。

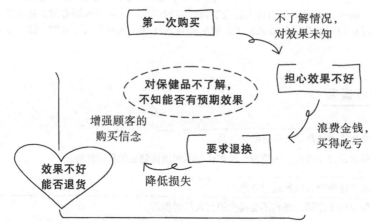

抓住情景重点： （1）切忌直接回答：保健品的效果是抽象的，且因人而异。
（2）突出特性：将沟通着重点放在疗效好、疗程长、有技术含量的特性上。
（3）给予信心：通过突出特性给予顾客信心，并科学引导。

当顾客直接追问保健品效果不好能否退换时，销售人员应该避免直接回答此类问题，而应该重点描述保健品的特性，通过对保健品特性的介绍增强顾客购买的信心。

口才金句

口才1

这一点您大可放心，我们店内的保健品是符合相关管理规定的。您可以将具体的症状告诉我，我帮您分析一下这款保健品是否适合您。虽然每个人的体质不一样，但是只要您买对了保健品，基本上都会有效果。

不能直接回复此类问题，应从科学的角度理性地告知顾客，使用保健品后是否有效和个人体质有很大的关系。

口才2

女士，保健品属于食品范畴，因此是不能退换的。我们的产品在面市之前经过了大量的科学检测和消费者试用，其市场口碑十分好，我相信您用了之后一定会赞不绝口的。

通过数据和事实说明保健品注重疗效且开发是有技术含量的，以此说明保健品的使用价值能够满足顾客的需求。

口才3

我理解您的想法，但相信您也知道保健品与药品不同，不会在使用以后立刻显现效果，但是长时间使用一定会改善您目前的身体状况。如果您按照疗程服用的话，肯定会有效果。

先告知顾客保健品不会像药品那样能在短时间内显现出效果，再向顾客说明使用保健品能带来的具体收益。

口才误区

1. 保健品肯定不会那么快就见效。

   这样带有主观意识的话语会误导顾客，让顾客认为使用保健品就是没有疗效。

2. 不好意思，我们这里卖出去的保健品是不能退的。

   这样说话太直接，这样直接的拒绝会使顾客对保健品品质产生质疑。

3. 您用了之后，保证有效果。

   这样夸大效果的说法没有说服力，而且这样随意的承诺很容易使销售人员处于被动地位。

2.4 顾客表明为他人购买而前来了解信息

情景再现

顾客进入保健品专卖店，仔细浏览柜台里摆放的保健品。销售人员想要给顾客详细介绍，顾客摆摆手说："我想给别人买，今天只是先来看一看。"

情景分析

顾客为了替他人购买保健品，事先来保健品专卖店逛逛，一方面是为了探探行情，了解保健品信息并做出对比；另一方面也许是怕过早暴露需求而被销售人员强制推销而采取的托辞。

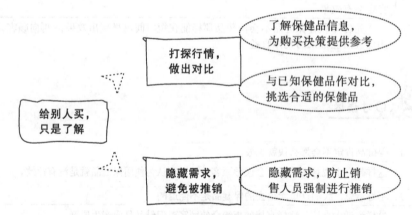

抓住情景重点：（1）将心比心：真诚地为顾客讲解保健品的信息，为其提供购买的依据。

（2）迎合需求：将保健品的优势委婉地透露给顾客，找到顾客的兴趣点，对此重点介绍。

（3）告知实情，制造保健品紧俏的气氛，说服顾客当场购买。

顾客说自己随便看一看，是顾客最经常用到的拒绝方法。通常顾客不想被销售人员了解到自己的真实需求。销售人员先要探明顾客的送礼对象，再通过卖点吸引顾客的注意，达成交易。

口才金句

口才1

您真是一个讲义气的人，您朋友真幸福，您朋友和您年纪差不多吗？这边都是针对您这个年纪的保健品，您可以随意看看。这些保健品的功能比较接近，但是还是有区别。需要我详细为您介绍时，您可以叫我。

用疑问句式的说法，探询顾客送礼对象的年纪；有针对性地介绍保健品，并同时给予顾客空间，减轻顾客感受到的推销压力。

口才2

您朋友有您这样的朋友真是太幸福了，看来你们的感情一定很好。您可以看一看这款，这款保健品效果很好，包装也美观，很多人来买都是为了送给朋友，您的朋友一定会非常喜欢。我拿给您，让您仔细地看一看。

通过寒暄式的开场，抓住顾客送礼定位，为顾客合理地推荐保健品。

口才3

送礼送健康，您和朋友都很注意保养。我们店内的保健品都是大品牌，并且种类比较多。您需要哪种功效的保健品，我帮您介绍，这样也方便您作对比，您说呢？

通过陈述店内保健品的卖点，吸引顾客；以通情达理的语气，为推荐埋下伏笔。

口才误区

1. 改天再和您的朋友一起过来看一看吧。

这种说法欠考虑。销售人员应该抓住机会促使顾客购买，而不是将顾客打发走。

2. 您好不容易来一次，别只是看看。

这种说法不得体，购买的选择权在顾客手中，销售人员的目的是促成销售而不是质疑顾客。

3. 我为您讲解了这么长时间，您不买啊。

顾客会察觉到销售人员的语气。这样的说法容易让顾客产生反感。

第2章　精心待客，挖掘需求

2.5　顾客想买保健品送礼

情景再现

　　顾客来到保健品专区四处浏览货架上的保健品，不停地对比，最后拉住销售人员问道："我要送礼，买哪种保健品比较好？"

情景分析

　　顾客让销售人员推荐适合送礼的保健品，说明顾客想通过销售人员的专业度挑选合适的保健品。

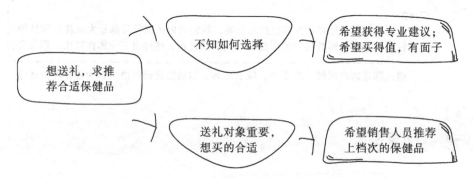

　　抓住情景重点：（1）具体询问：询问顾客要送保健品给什么类型的人。
　　　　　　　　　　（2）中肯建议：针对顾客送礼人群，推荐保健品。
　　　　　　　　　　（3）专业品质：推荐的保健品要符合口碑好、上档次、价格合适等特征。

　　对于想买保健品送礼的顾客，销售人员需要先询问送礼对象，从专业的角度出发推荐恰当的保健品，并给予顾客足够的理由来接受销售人员的推荐。

口才1

　　送礼送健康，您真有眼光。请问您是打算送给什么人呢？多大年纪？您希望保健品有什么功效？请把这几点告诉我，我可以帮您推荐几款合适的保健品。

　　先询问顾客送礼对象的信息，再根据具体情况推荐相应的保健品。

口才2

　　原来是送给您岳母的礼品，那这一款保健品特别适合。这款是专门针对老年人推出的保健营养品，有助于强健体魄，能有效预防多种老年病的出现。很多顾客送长辈都选这款，您看它的包装也很大气，拿起来沉甸甸的，这份心意老人一定喜欢。

　　对于顾客要购买用于送给长辈的礼品，销售人员在推荐时，要根据老年人的群体特点，推荐那些口碑好，质量值得信赖，同时包装上档次的保健品。

口才3

　　如果您是送给客户，我觉得这个品牌的保健品就非常好。它是顾客们公认的高端保健品牌，名气大，而且口碑特别好。送这个品牌的保健品显得很上档次，现在购买我们有额外的小包装赠送，非常超值，请您看一看。

　　对于顾客要购买送给客户或合作伙伴的礼品，销售人员要着重推荐众所周知的大品牌。这样既显得有档次，又能保证质量。

口才误区

1. 您准备送给谁呀？

　　这种说法不专业，有打听顾客隐私的意思。

2. 就这款吧，这款卖得特别好。

　　这种介绍没新意，顾客征询销售人员的建议是为了获得更细致和专业的讲解。

3. 您要送什么价位的保健品？

　　直接询问价格是不礼貌的行为，顾客送礼时，价格并不是放在首位的。销售人员提问要有针对性。

4. 就这几种，你自己随便看吧。

　　服务不到位，没有销售人员应有的专业态度。

2.6 顾客犹豫买中药还是西药

情景再现

顾客来到药店想购买药品，看见药店里既有中药又有西药，他认为中药副作用小，但是疗程长；西药见效快，但有一定的副作用，一时不知该如何选择。

情景分析

当顾客犹豫到底该选择中药还是西药时，具体要看顾客想用药品治疗什么病症。销售人员应该遵循疗效优先的原则，针对顾客的症状推荐治疗效果好的药品。

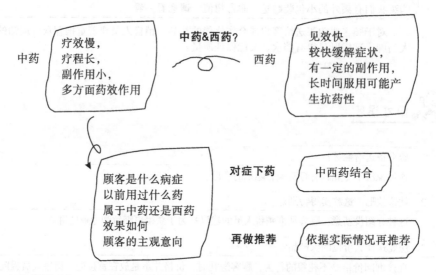

抓住情景重点： （1）基本讲解：告知顾客两种药品的优缺点以及两者之间药理的区别，销售人员对此不做评判。
（2）突出优势：询问顾客之前的用药情况和目前的主观意向。
（3）科学推荐：针对以上两种情况，帮助顾客选择最适合的药品。

当顾客拿不定主意选择中药还是西药时，销售人员要科学公正地帮助顾客分析，根据顾客的具体需求推荐药品。

口才金句

口才1

您之前用过西药一直没有效果吗？那我建议您试一试中药。因为西药服用次数多了会产生抗药性，中药虽然疗程长，但是治疗效果好。现在我们药店可以帮你代煎中药，将其分袋装好。您将煎好的药品直接放进冰箱冷藏保存，每次服用前，拿出来加热就可以。

对于长时间服用西药而没见效的顾客，可以试着让顾客尝试中药。简要说明中药的药理特征，并着重强调店内能做到的服务，最大程度地帮助顾客免除麻烦。

口才2

基于您刚刚说的情况，我建议您使用西药，因为病来得比较急，我们应该选择快速治疗的方法。中药难以起到立竿见影的作用，而西药可以直接抵达"病灶"，快速消除病原体，利于身体恢复。您觉得呢？

对于急于药到病除的顾客，西药是最佳的选择。

口才3

您感冒的症状的确很明显。这是一种中西药结合的感冒药，建议您试一试。如果您及时服药，我相信您很快就可以康复的。

对于部分病症，可以针对顾客生病的不同症状加以推荐。一般病状初期，在顾客可以接受的情况下，建议顾客用中药治疗；如果病状处于急性期，则建议顾客用西药。对于一些特殊病症，也要及时给客户推荐中西药结合的药物，以取得最好的治疗效果。

口才误区

1. 买中药吧，中药好，副作用小。

这种说法不负责任。销售人员不能片面夸大某种药品的功效，而完全忽略顾客本身的需求。

2. 要不两种都买一点？

这种说法不合理。顾客本就已经犹豫不决，这样会使其更加难以选择，销售人员推荐药品一定要慎重，不能随意。

3. 听您的，您想要哪一种？

当顾客询问销售人员意见时，这样的说法会显得不专业，没有发挥药店销售人员的作用。

2.7 顾客想要购买的药品并不适合自己

情景再现

顾客走进药店，对销售人员说我要买 ×× 药品，可是销售人员从专业的角度出发，分析出：顾客想要购买的药品并不适合其当前的症状。

情景分析

同一药效的药品种类繁多，顾客选择的药品不一定适合其本身的症状。

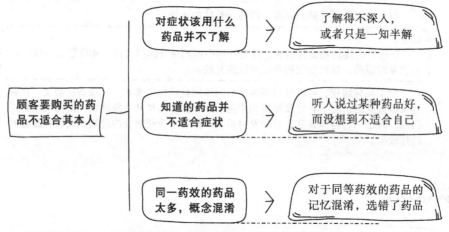

抓住情景重点：（1）善意提醒：提醒顾客某种药品的具体疗效。
（2）专业分析：分析顾客购买药品的目的。
（3）适当推荐：针对顾客的购药目的，推荐合适的药品，并给出具体的理由。

当顾客想要购买的药品并不适合自己时，销售人员要从专业角度善意提醒顾客，分析顾客要买的药品不合适的原因后，再给出具体的建议。

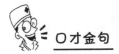

口才金句

口才1

张女士，您腰腿疼的老毛病好点了吧。您上次要买的药效果不好吗？怎么要换别的药。您之前用过的药属于中药，还有两副就到疗程了。我觉得您最好把现在的药服用完一个疗程后再换，您觉得呢？

通过寒暄探听顾客为什么选择不适合自己的药品；再从科学的角度对顾客进行劝解。

口才2

先生，我看您不断咳嗽，这很可能是由于风寒引起的咽部发炎，而您提到的药品是针对发烧症状的，不知道您是要买治疗发烧的药品，还是治疗咳嗽的药品？

针对顾客的症状，通过专业的判断给出建议，让顾客选择。

口才3

女士，您是给家里的孩子买药吗？哦，那我们这里有专门针对小儿咳嗽感冒的药品。孩子具体几岁了，您看这边都是儿童药品，我给您推荐一下，您就具体明白了。

通过询问顾客的年龄层，并有针对性地推荐药品，给予顾客专业的指导。

口才误区

1. 您怎么买小孩儿吃的药品啊。

这种说法不得体。购买哪种药品是顾客的权利，这样说话无法让顾客明白销售人员的意思。

2. 这种药不管用，不适合您的症状。

这样的沟通过于直接，销售人员在不知道具体的情况下不应对顾客妄下结论。

3. 您之前用过这种药品吗？您觉得这种药品效果怎么样？

这样的说话方式太咄咄逼人。销售人员在与顾客沟通时要注意措辞。

4. 您说的药品还要购买吗？

这样说话没有铺垫，会显得太唐突。

医药保健品销售人员超级口才训练

2.8 顾客请销售人员推荐药品

情景再现

顾客走进药店，找到销售人员，向销售人员描述了自己的症状，请销售人员帮助推荐几种对症的药品。

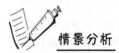

情景分析

顾客对于自己的病情不了解，不知道该吃什么药，有时自己认为病情并不严重，觉得药店购药更方便。这种情况下，顾客通常会走进药店，听取销售人员的建议后购买药品。

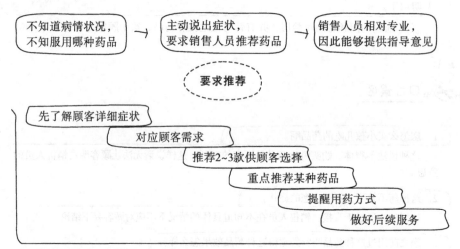

抓住情景重点：（1）倾听顾客陈述，先听后问，分析病因。

（2）对应顾客的需要推荐几款药品。

（3）从价位、功效、服用方式多个专业角度推荐，便于顾客选择。

顾客请销售人员推荐药品，说明顾客信任销售人员的专业性。销售人员分析顾客的病症要全面，推荐药品要合理。如果销售人员对症状不确定，或者认为顾客的症状需要去医院才能诊断，要如实向顾客说明。

口才1

您说得特别仔细，我觉得您主要是淋雨造成的发烧。我刚帮您量了体温，体温略高。这种情况吃药就能好，这几种退烧药都可以，其中这种疗效较好。吃药的时候记得用温水送服，这样效果会更好。注意保暖，保持饮食清淡，多休息，过两天就好了。

认真倾听顾客的阐述后，先利用辅助工具帮助顾客确定症状的严重程度，再合理地向顾客推荐药品，并嘱咐相关注意事项，给顾客贴心的感觉。

口才2

没事，不用担心。您儿子咳嗽是因为感冒引起的呼吸道发炎，吃点药就会好的。这一盒治疗小孩感冒咳嗽效果比较好，属于中成药，服用方便，您可以试一试。这是药品的说明书，您看看。

对于症状较轻的顾客，先安慰其情绪，再推荐合适的药品，同时给出推荐的理由，让顾客信服。

口才3

您先别着急，这有可能是高血压引起的头晕、视线模糊等症状。您这边坐，我先为您量一下血压吧……确实是高血压。我们这边有很多降压药，由于您的症状是血液黏稠引起的，这种药就很适合您。平常多喝水，这样可以降低发病的可能性。

销售人员平时要注意积累药理知识，准确了解各种突发疾病的发病原因和症状，这样才能对顾客的询问给出具体的建议，树立专业形象。

1. 您这病太严重了，不会是 ×× 病吧。

这种说法不正确。不要为了销售药品而增加顾客的心理负担，这样会使结果适得其反。

2. 没事，吃点消炎药就好了。

这种说法过于轻描淡写，有种懈怠的感觉，让顾客觉得病情与结果不符。

3. ……（思索半天，说不出是什么情况）。

销售人员在销售前一定要全面了解医药知识，否则会动摇顾客的信心。

4. 应该不是什么大病，要不吃点 ×× 药吧。

这种说法太含糊。不要使用模棱两可的词语来增加顾客的疑虑，也不要忽视症状而随便推荐。

2.9 顾客认为价格太高，负担不起

情景再现

顾客说出病症请销售人员推荐保健品，销售人员指着几款对症的保健品请顾客看，顾客看到价签后吓了一跳，说："你这保健品的价格也太高了，我买不起。"

情景分析

顾客因为保健品价格过高拒绝购买，多数情况下，都是因为以下三个因素：保健品价格、顾客心理价位和可支付价格。顾客觉得价格太高而拒绝购买，是因为顾客心理预期价格低于保健品价格。

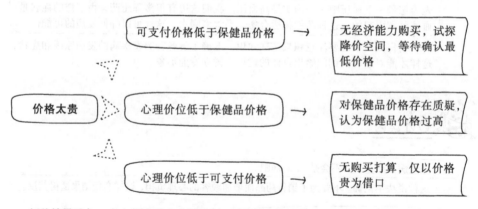

抓住情景重点：（1）顾客具有支付能力：积极消除价格异议。
（2）顾客支付能力不足：让价或赠送礼品弥补其心理差价。
（3）顾客没有意向购买：亮点讲解，争取发展为回头客。

当顾客因保健品价格高而拒绝购买时，销售人员可以采取一系列销售技巧说服顾客下定购买的决心，比如：平摊价格法、产品比较法、礼品补偿法，通过这些技巧再次强调保健品的价格，让顾客觉得物有所值。

口才金句

口才 1
　　您说得对，这个价格听着有点贵。但是我们可以算一下，这款保健品您买一个疗程，可以使用七个月，平摊到每一天还不到一元钱。您每天支付一元钱就可以买到身体健康，难道不划算吗？

　　利用平摊价格法，为顾客算一笔经济账，将保健品的价格平摊到每一天从而弱化价格因素带来的阻碍，以促成交易。

口才 2
　　这款保健品价格确实不便宜，但是在这几款保健品中，这款性价比是较好的。您花钱保健，也希望有效果。虽然您只花了 10 块钱，但保健品没效果，也是徒劳无功。这款保健品品牌大，口碑好。这样的保健品，您服用起来也放心。

　　将保健品与顾客的切身利益相关联，通过与功能类似的几款保健品对比，突出保健品的优势，说服顾客购买。

口才 3
　　这个促销价格一点都不贵，在此之前保健品都按原价出售。这款卖得很好，现在购买我们还会赠送您一瓶维生素 C 含片，顾客都是一次购买几个疗程，现在这款保健品的库存已经不多了。这样的价格只会再涨，不会再低。您现在买，很划算。

　　利用促销和畅销活动，使顾客觉得物有所值而决心购买。

口才误区

1. 这边有便宜的，买这个吧。

　　这种说话方式不得体，有贬低顾客的意思。

2. 这是公司定的价，我没办法优惠。

　　这种说法不合理。销售人员是为顾客服务的。这样消极的说法，带着明显的负面情绪。

3. 您买吧，现在买，我们还送礼品呢。

　　这样说话不严谨，大大降低了赠品的价值和意义，还会引起顾客的反感。

4. 怎么会贵呢，一点也不贵。

　　这种没分寸的说话方式，直接否定了顾客的说法，且没有给出充分的理由。

2.10　顾客对保健品都不满意

情景再现

　　琳琅满目的保健品看得顾客眼花缭乱，感觉哪一款都好，又感觉哪一款都不好。销售人员为其推荐多款，但顾客都不满意。

情景分析

　　顾客迟迟不做购买决定，说明顾客需求不明确；同时也表明顾客在挑选保健品时比较严谨，需要对保健品的功效、质量、价格反复比较。

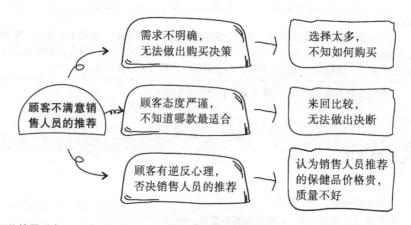

抓住情景重点：（1）悉心服务，找到顾客犹豫的原因。
　　　　　　　　（2）耐心引导，找到适合的解决方法。
　　　　　　　　（3）加强顾客购买的欲望，消除顾客的疑虑。

　　面对犹豫不决的顾客，销售人员可以采取"选择式"的方式提问，帮助顾客分析，并通过为顾客提出合理的建议，促进交易达成。

口才金句

口才 1

我们店是直销品牌代理商，保健品的确不少，您不确定要买哪款，这是可以理解的。刚刚我和您聊了这么多，根据我的了解，我觉得这两款都很合适，一来可以搭配使用，二来购买两款可以赠送两盒小包装的保健品，比单买划算。

当顾客不知道该选择哪款，侧面说明自己店内保健品种类多，站在顾客角度，专业地做出推荐，并给出充分的推荐理由，再以买赠活动促使顾客购买。

口才 2

没能帮到您，实在抱歉。您可以再看看，找到合适的保健品随时叫我。我就在这边，可以随时帮您拿样品。

对于故意挑剔的顾客，给顾客一点自由空间，利于顾客选择。同时销售人员不能离顾客太远，要注意观察顾客的反应，便于进行下一步的销售工作。

口才 3

或许您可以试试这款保健品，它和刚才那款最大的区别就是这款是专门针对缺铁性贫血的，这种疗效和您的需求是非常贴近的。因为它不仅可以有效地补充铁质，内部含有的一种成分还可以促进铁的吸收，双管齐下，效果非常好。

总有一种是顾客所需求的。先通过对两种或两种以上的保健品予以比较，再强化渲染产品的卖点，促使顾客做出选择。

口才误区

1. 怎么您一款也没看上？

这种不专业的说法，有嫌顾客麻烦的意思。

2. 我们这里保健品种类特别全，要不我再给您推荐一款？

这种说法不合理，在明确顾客犹豫的原因前，贸然地推荐会使顾客难以做出选择。

3. 您到底想买哪款保健品。

这种表达过于情绪化，销售人员应对顾客保持耐心。

4. 您再试试这款吧，这款也不错，更适合您。

这种主观的沟通方式，有强制推销的嫌疑，同时这样的语言贬低了产品的价值。

第 3 章　真诚待客，激发
顾客兴趣

3.1 顾客指着广告促销保健品询价

 **情景再现**

顾客走进保健品店，浏览了一圈后，指着柜台上摆放的广告促销保健品，直接询问："这个多少钱？"

 **情景分析**

顾客询价的目的就是希望以合理的价格购买到物超所值的产品，因此销售人员要懂得塑造保健品的价值，在没有塑造保健品价值之前不谈价格。

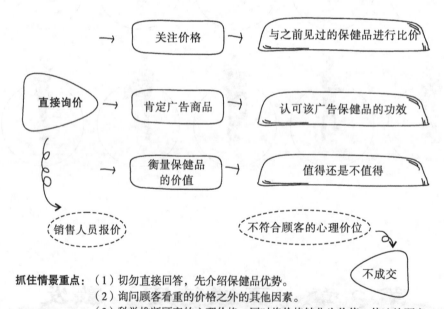

抓住情景重点：（1）切勿直接回答，先介绍保健品优势。
（2）询问顾客看重的价格之外的其他因素。
（3）科学推断顾客的心理价格，同时将价格转化为价值，传达给顾客。

销售人员面对的最多疑问，就是顾客询问保健品价格。顾客在不了解产品的情况下的贸然询价对销售人员来说是一种挑战，处理不当就会导致顾客流失。

口才 1

请问您除了考虑价格因素外，还会考虑哪些方面呢？哦，您说的是性价比。您刚才指的这款广告保健品是提高抵抗力功效系列中疗效最突出的，也是性价比最好的。因为它是整个系列中的明星产品，所以我们才会大力推广这款产品以回馈顾客。我先把样品拿出来给您看一看。

询问价格之外的因素，以此巧妙避免直接回答顾客的询价；通过对比保健品的性价比，突出核心卖点，再邀请顾客体验。

口才 2

这款是辅助治疗心脑血管的特效保健品，一共有两款，一款是价格在 ×× 元，一款价格大概在 ×× 元，后一款因为是国外厂家生产的所以价格略高，不过这两款疗效都很不错，您具体想了解哪一款，我给您拿盒样品看一看。

面对坚持要求在第一时间报价的顾客，销售人员要采取双保险策略，以正常报价为基准，分别报出略低和略高的两种价格，赢得顾客的初步认可；再根据顾客的选择，具体推荐保健品。

口才 3

您真有眼光，这款保健品是国外厂商生产的，特别受您这样的商务人士的欢迎。这款保健品的价格还不到 2000 块钱，而且现在药店还有买赠活动。我将样品和赠品都拿给您看一看。

科学推断客户的心理价格，争取突出介绍产品优势；同时了解客户的相关信息，用保健品的促销活动吸引顾客的注意。

1. 这个价格是 500 元。

直接报价可能会失去顾客。在顾客不了解保健品时，千万不要随便说出产品的价格。

2. 这款是广告促销保健品，卖得特别好，是国外厂家生产的，价格也不贵……

过多的铺垫与描述，反而容易让顾客觉得这是销售人员心虚的表现。

3. 您想用多少钱买？

这样讨价还价的说法没能体现出保健品自身的价值。

3.2　顾客认为保健品效果不如食疗

情景再现

顾客走进保健品店，拿起一款保健品仔细端详半天，又放回原处。销售人员走上前来询问顾客的具体需求，顾客说："我之前买的保健品都没用，现在我和老伴都注重食疗，不吃保健品。"

情景分析

很多顾客意识到身体保健的意义。在不确定保健品是否有效的前提下，依靠食疗增加营养，也是顾客保养身体、预防疾病、强身健体的一种方式。

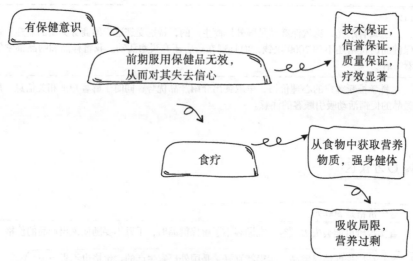

抓住情景重点：　（1）认可顾客采用食疗的保健意识。
　　　　　　　　　　（2）科学分析食疗的利害关系。
　　　　　　　　　　（3）告知顾客合理甄选保健品才能达到预期的效果。

销售人员面对以食疗替代保健品进行保养的顾客，先要肯定顾客的保健意识，再用科学的分析提升顾客原有的保健意识，教会顾客合理地挑选保健品从而达到保健的目的。

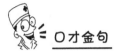 **口才金句**

口才 1

现在保健品市场良莠不齐，有很多不法的商家夸大功效，以致您之前买的保健品没有达到预期的效果。您在选择的时候也要注意选择大品牌、信誉好、质量有保证的保健品，这样才能起到更好的保健效果，达到预防疾病的目的。

针对顾客对保健品效果的质疑，给出具体的分析和合理的解释。

口才 2

听您这么说，一定非常注意保养身体。其实食疗的确非常好，但是一般不能马上见效，需要花费一定的时间，并且搭配食材烹制也很麻烦，而保健品是提纯有效成分，能够提供均衡的营养，容易被身体直接吸收。因此，您可以先买一个疗程回去试试，做做对比，您说呢？

向顾客客观地分析食疗和保健品的差异，突出保健品的保健功效，说服顾客先做尝试对比效果。

口才 3

其实您肯定也明白，人吃五谷杂粮，生病是很自然的事情。通过食疗的确可以起到预防的作用，会有一定的疗效。其实现代很多人都处于亚健康状态，只是暂时没有症状或表现而已。这类保健品只需要半年时间，就可以将您的体质调理至健康的状态，这样方便又实惠，何乐而不为？

从预防胜于治疗的角度出发，对比食疗和服用保健品的预防功效，说明保健品更有效、更方便、更实惠，从而让顾客更容易接受。

 **口才误区**

1. 食疗要是有效果，大家就都不用买保健品了。

这样过于直接的说法，有诋毁顾客观点的嫌疑。

2. 保健品没效果，那是您不会挑。您用了我们的保健品，绝对有效果。

这种过于绝对的说法，没有任何依据的夸大，很容易让顾客产生抵触情绪。

3. 食疗的效果比不上保健品，保健品效果直接，食疗太慢了。

这样的说法不严谨，销售人员应该用更专业的词汇和语句来表述。

3.3 顾客表示最近经济紧张，买不起保健品

情景再现

保健品专营店举办大规模的促销活动。销售人员一边派发宣传资料，一边邀请围观的顾客进店看看。一位顾客拒绝了销售人员的宣传资料，说："我最近经济紧张，买不起保健品。"

情景分析

顾客以经济紧张，买不起保健品为理由，可能是认为保健品一般都比较昂贵；另外，也可能是不了解保健品的功效，认为保健品属于属于消耗品，因此不想购买。

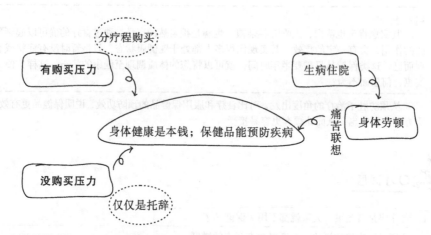

抓住情景重点：（1）用痛苦联想法解说。
（2）告知顾客保健品的功效。
（3）传达给顾客保健即省钱的概念。

顾客推说经济紧张，买不起保健品的多数情况都是因为顾客并没有真正了解到保健品的功效。销售人员应该巧用痛苦联想法帮助顾客分析保健品的必要功效。

口才金句

口才 1

　　看您说的,您要是买不起就没人能买得起了。很多顾客觉得保健品是奢侈品,其实不是,我们都习惯犯一个常识性的错误:只有生病了,才知道身体重要,而真要是生病了去医院,医药费很费。服用保健品能改善体质,降低患病的概率,您不妨试试。

　　利用生病去医院费用高和使用保健品的功效对比说服顾客。

口才 2

　　您说您经济紧张,我能理解。咱们这个年龄段的人,上有老,下有小,经济压力很大,而一旦生病了,不管您手中有没有钱,都要花钱治疗。我建议您拿出少部分钱保养一下,减少患病的概率,又不受罪,何乐而不为呢?

　　从顾客的家庭角色出发,说明保养身体的重要性,同时说明保健品可以用很少的钱保养体质。

口才 3

　　无论经济状况如何,都需要有个好身体!身体好,减少患病概率,能为家庭减少医疗负担,省下医疗费。而且,这类保健品口碑的确不错,您可以少买几盒,身体健康也等于存钱了,您说是吧?

　　用痛苦联想法说明身体好的关键在于日常的保健;从保健品口碑的角度说明其功效好,并提出合理化的购买建议。

口才误区

1. 买保健品也花不了多少钱,您要不想买就直说吧。

　　这样的说辞过于简单、直接,有质疑顾客故意找借口的嫌疑,会让顾客感觉到尴尬。

2. 等您生病了,没钱也得拿出钱治病,现在买保健品怎么就没有钱呢?

　　这种沟通方式太粗浅,并且使用质问的语气会让顾客感到销售人员非常没有礼貌和素质。

3. 那您先别买了。

　　这样的说法有赌气的嫌疑,同时可能会因此失去仅仅是表面推脱的顾客。

医药保健品销售人员超级口才训练

3.4 顾客认为保健品有依赖性

情景再现

顾客走进保健品店，转了一圈后低头查看柜台里摆放的保健品。销售人员询问顾客的具体需求时，顾客却说："保健品有依赖性吧，我不太敢买。"

情景分析

顾客认为保健品有依赖性，说明顾客对保健品有大概的了解，担心长期服用产生依赖性，从而对身体有害。

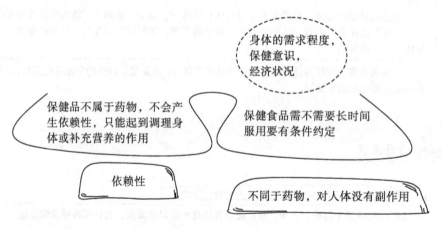

> 身体的需求程度，
> 保健意识，
> 经济状况

> 保健品不属于药物，不会产生依赖性，只能起到调理身体或补充营养的作用

> 保健食品需不需要长时间服用要有条件约定

> 依赖性

> 不同于药物，对人体没有副作用

抓住情景重点：（1）肯定顾客的专业性。
（2）纠正顾客的认识误区。
（3）以类比手法生动地阐述，加深顾客理解。

"嫌货才是买货人"。顾客觉得保健品有依赖性，说明顾客对保健品有一定的了解，只是存在认识误区。销售人员只要能够转变顾客的思维，就能激发顾客的兴趣，从而使顾客购买。

口才金句

口才 1

您提的问题很专业，但是我可以告诉您，我们的保健品是不会对人体产生依赖性的。像这类保健品属于保健食品，就相当于您天天吃馒头。您说会不会有依赖性呢？

先肯定顾客问题的专业性，再以类比的方式比喻保健品有没有副作用，顾客自然能明白。

口才 2

这几位顾客刚才还在讨论说保健品不是药品。的确，保健品能起到的作用是预防及调理身体，它不仅没有副作用，长时间服用也不会有依赖性。而且，每种保健品的服用疗程都是经过质检测评的，所以关于依赖性的问题，您尽管放心。

借用周围顾客的观点来说明保健品的属性以及保健品和药品的差异。同时，通过保健品的服用疗程来说明正确使用保健品是不会产生依赖性的。

口才 3

人体每天不断消耗各种营养素，以维持身体的机能。咱们服用保健品相当于补充每天从食物中获取不了的元素，也就是说保健品补充了日常饮食中不足的部分，从而来确保身体获得充足、均衡的营养，因此服用保健品没有依赖性。一旦您身体达到健康状态，及时停用也没有关系。

详述保健品在人体内发挥的功效，帮助顾客分析保健品的属性。

口才误区

1. 有依赖性？那大伙都不得不买保健品了，我们就不用费力介绍了。

   这样的说法不严谨，有拿专业问题开玩笑的嫌疑。销售人员说话要注意场合和分寸。

2. 我还是第一次听到这样的说法，肯定没有依赖性。

   顾客提出问题显示了顾客的专业，而销售人员的回答却暴露了销售人员的非专业。

3. 放心好了，绝对不会有依赖性。

   这种过于笼统的表达，并没有说服力度，顾客还是会心存疑虑。

3.5 顾客表示保健品还没吃完

情景再现

销售人员询问顾客想了解哪类保健品的信息，顾客说："先不买了，我家里还有很多保健品没吃完。"

情景分析

顾客说家里还有很多保健品没有吃完，说明顾客具有保健意识，不排斥保健品。销售人员可以通过说明保健品的具体功效，建议顾客搭配使用。

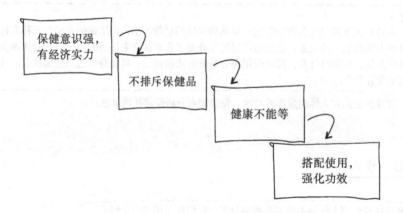

告诉顾客，不同保健品搭配使用，功效更好

抓住情景重点：（1）肯定顾客的保健意识。
（2）合理推荐保健品：对接顾客需求，激发顾客的购买意识。
（3）以类比生动说明，加深顾客理解。

顾客说家里保健品太多，没有吃完，说明顾客对保健品不排斥。销售人员需要问清情况，利用搭配原理，合理地向顾客推荐合适的保健品。

口才金句

口才 1

　　没错，您家里已经有其他保健品了，但是这并不妨碍您搭配使用这一款。每一款保健品都有它功效的侧重点，综合调理才能使身体和谐运转，另外从功效上说，搭配使用能带来一加一大于二的回报。您说是不是这个道理？

　　客观地分析保健品需合理搭配的原因，从搭配使用效果最大化的角度出发，说服顾客购买。

口才 2

　　您的保健意识真强。以前购买的保健品品种多，即使产生了效果也不知道是哪一款起了作用。这点我很理解。我们服用保健品的目的就是促进身体健康，如果您现在服用的保健品效果还不十分明显，不妨再配合使用这款产品来达到保健的目的。

　　先肯定顾客的保健意识，再从顾客的角度出发，婉转地表明如果之前的保健品效果不明显，可以替换待销的保健品试试。待顾客答复后，再针对待销保健品做进一步的详细介绍。

口才 3

　　您真有保健意识，女士，刚才这个免费的身体检测的结果，也正好验证了您之前所描述的症状。经过检测，说明我们这种保健品是适合您的。不管之前的保健品效果如何，您都应该试一试，您觉得呢？

　　通过邀请顾客进行免费的身体检测，为顾客推荐最合适的保健品。保健意识强的顾客，自然会考虑购买。

口才误区

1. 那您得抓紧吃啊，毕竟是花钱买的保健品，对身体有好处。

　　这样的表达有冒犯顾客隐私的嫌疑，同时表明销售人员的态度不谦虚，给顾客一种被指教的感觉。

2. 没吃完也不耽误您继续买啊，您看您吃了这么多的保健品不是还不见好吗。

　　这种说法不专业，没礼貌。这样的主观臆断很容易激起顾客的不满。

3. 您这么有眼光，我们的保健品您也要买啊。

　　与其使用这种笼统的方式推荐，不如直接向顾客说明购买理由。

第 3 章　真诚待客，激发顾客兴趣

3.6 顾客要求试用保健品

情景再现

顾客在保健品店内相中了一款保健品，但是又怕效果不好，说："这款保健品有试用装吗，我想先试用一下。"

情景分析

免费试用能够吸引顾客参与，顾客也愿意关注这样的信息。因此，越来越多的保健品商家选择通过这种推广手段来树立自己的品牌形象。

顾客要求试用	商家免费试用活动
无需支付任何费用	**目的性**：提高产品的入市速度，提高品牌知名度和品牌亲和力
需支付一定的快递费或成本费	**限时性**：在试用期结束后可以选择购买、不购买和返还等几种方式
试用某款保健品或体验某项免费服务	**条件性**：免费试用的产品有其自身的优点
通过试用让消费者对品牌有了独特的记忆，产生对品牌的认同	**记录性**：记录试用者的详细信息，以限制其多次申请试用的请求。设计专门的促销装，目的在于配合其销售

抓住情景重点：（1）通过询问，判断顾客试用目的。

（2）判断顾客是否符合试用条件。

（3）顾客符合试用条件时，记录顾客信息；顾客不符合试用条件时，合理说明原因。

当顾客要求试用保健品时，销售人员要依据店内产品政策和当下活动，巧妙地询问顾客信息，试探顾客要求试用的真实目的，如果的确没有试用活动，要告知其具体原因，并进一步引导顾客购买。

 **口才金句**

口才 1

　　女士，我们在试营业的时候的确举办过先试用后付款的活动，但是现在我们的专卖店已经营业快三年了。这三年来，我们专卖这款保健品，老顾客都成了老朋友。这款保健品的效果大家都十分认可，所以现在没有试用活动。

　　首先，说明试用的条件；其次，通过保健品店成立时间以及顾客反馈等方面，正面地回答顾客。

口才 2

　　这款保健品是我们的明星会销产品，是厂家直销的，没有中间环节，价格特别实在，再加上它的品质好，很多会销的顾客都推荐亲戚朋友购买，所以经常出现供不应求的现象。虽然我特别想帮您，但是没这个政策。如果您现在购买，我送您几小袋保健品做礼物。

　　说明保健品的核心亮点及热销现象，婉转告知顾客没有试用政策。通过额外赠送礼物，平衡顾客心理，促使顾客做出购买决定。

口才 3

　　说实话，女士，这款保健品很适合您这个年纪的人。您很幸运，过几天这款保健品的试用活动就结束了。您先填一下这张领取试用品的信息表，我这就给您拿试用装，回头有什么问题，我们的客服人员会及时联系您。您稍等。

　　当顾客参与推广期间的保健品试用活动时，销售人员一定要留下顾客的详细信息，以便追踪效果，进一步联系顾客。

 **口才误区**

1. 我们这款保健品卖得特别火，所以没有试用活动。

　　这样说话太直接。销售人员说话要顾及顾客情面，以免因此丢失顾客资源。

2. 试用品您敢用吗？虽然不用花钱，但那质量不能保障。

　　这种没有证据的主观臆断，有指责顾客贪小便宜的嫌疑。

3. 虽然公司规定不能试用，但是我再帮您去申请一下试试。

　　销售人员不敢直面顾客提出的异议，会使自己处于被动的地位，同时有损公司形象。

3.7　顾客只想购买一直服用的药品

情景再现

顾客走进药店，点名要购买某种感冒药。销售人员仔细观察了顾客的症状，询问顾客的症状是什么原因引起的，具体需要买哪种感冒药时，顾客特别不耐烦地说："就是感冒药，我之前一直服用过的那个牌子。"

情景分析

顾客都会有服用某种药品且疗效显著的经历，这样当再次发生类似疾病时，会习惯性地购买曾经服用过的药品。

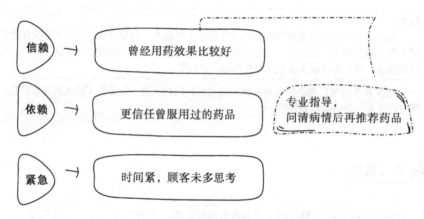

抓住情景重点：（1）耐心询问。
（2）根据顾客的症状，推荐最合适的药。
（3）解释推荐药品的原因。

当顾客点名购买之前用过的药品时，销售人员应先询问症状，在了解了顾客的具体症状后再为顾客推荐药品。

口才金句

口才 1
　　女士，虽然您这么着急，但是我还是要询问您具体的症状。虽然您之前也买过这种感冒药，但是这种药的功效有很多，您的发病原因也不一定都相同。咱们花钱也要对症您说对不对？

　　说明药品的多样性和主治功效差异，向顾客具体了解发病症状，合理推荐药品。

口才 2
　　您之前买的药品主要是针对风寒引起的感冒。最近天气突然变冷，您是不是一直流鼻涕，而且觉得浑身酸痛，头也疼吧。嗯，这种药是对症的，您要几盒？我给您开好单据。

　　主动向顾客说明药品的主治功能，并从专业角度分析顾客的症状，帮助顾客开单购药。

口才 3
　　您的症状是风寒引起的，您是自己服用吗？我看您脸色发红，是不是有点发烧？如果发烧，则可能是暑热引起的感冒，您服用另一款清热的感冒药是更好的选择。这款药品的价格和另外一款差不多，我们买药还是更看重功效，您现在的症状服用这种药效果最好。

　　以专业知识判断顾客指名购买的药品是否和症状相匹配，帮助顾客分析，有理有据地说服顾客购买与症状相匹配的药品。

口才误区

1. 我马上拿给您。
　　这种表达方式没有发挥销售人员本身的作用。销售人员问明情况，对症下药，是对顾客负责也是对自身负责。

2. 感冒药多了，您具体要哪种啊？
　　这种说话方式不对。销售人员询问的初衷虽然是对的，但是语气不礼貌，会给顾客留下负面印象。

3. 这可不能随便卖，您具体什么症状要说清楚，不然吃坏了，会出问题的。
　　这种负面而夸大的说法，用过于拘谨的说话方式表达过于夸张的内容，反而会显得销售人员服务拖沓，解决不了问题。

3.8 顾客表示哪种药品最便宜，就买哪种

情景再现

顾客走进药店，看了几款药品后，都觉得价格太贵，于是对销售人员说："这类药品哪种最便宜，你就给我拿哪种。"

情景分析

对于日常生活中常用到的药品，顾客认定其功效都差不多，而且由于使用常用药的病症一般都是小毛病，自己能够察觉并判断症状的轻重程度，因此在选择的时候会首先想到选择价格相对低廉的药品。

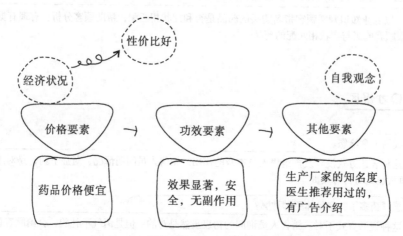

抓住情景重点：（1）仔细询问顾客的症状，推荐合适且便宜的药。

（2）以专业知识判断顾客症状的严重程度，要推荐合适的药。

（3）在顾客能接受的范围内，合理地向顾客说明疗效比价格更重要。

顾客倾向于购买价格低的药品，说明顾客认为症状不严重而且相信自我的判断。销售人员询问顾客症状要有技巧，帮助顾客分析症状要客观，本着公正科学的角度说服顾客选择最适合自己的药品。

口才金句

口才 1

老先生，您刚才说腿不舒服，晚上睡觉总抽筋，因此您要买钙片。您之前出现过这种现象吗？您平时走路时，腿会疼吗？有发软现象吗？根据您所说的症状，这很可能是骨质疏松的表现，上了年纪的人会经常出现这样的症状。我建议您先去医院检查一下，如果症状是缺钙引起的，您再过来买钙片。我们药店钙片的价格都很实惠。

针对客户的症状认真核实，再结合顾客的年纪、类型，从专业角度给出建议。对于只有专业人士才能确定的症状，提醒顾客就医，待诊断症状属实后再来购买。

口才 2

女士，一看您就是专业人士。我们这是开架式超市，顾客很少在下面的货架寻找药品，虽然有这样的说法，下面的货架药品价格更便宜，但是您想买眼药水，关键要看您眼睛为什么不舒服，有哪些症状。我给您都介绍一下。

通过赞美顾客"专业"，拉近和顾客的关系；以唠家常的方式，直接点明顾客的需求；通过产品介绍，让顾客做出选择。

口才 3

女士，这几款药品价格都差不多。因为您仅仅是出现了发烧的症状，所以用药之后，病情应该就会好转。下次您出门记得带雨伞，千万别再淋雨啦。

对于熟悉的顾客，直接点明为顾客推荐的就是性价比十分好的药品，让顾客感受到贴心；通过贴心的服务拉近距离，顾客会再次光临。

口才误区

1. 便宜的药品可不能买。

这种表达方式错误，应该从科学专业的角度向客户说明利害关系。

2. 就算价格便宜，药品没功效也是白花钱。

这种说话方式太直接，完全推翻了顾客的意见，会让顾客觉得没有面子。

3. 您自己看一看，这几款药都很便宜。

这种消极的沟通方式，将顾客晾在了一边，会让顾客感受到轻视和怠慢。

3.9 顾客询问现在购买可以几折优惠

情景再现

销售人员耐心地与顾客介绍保健品信息。顾客听完介绍后，直接问道："如果我现在购买，你能给我几折优惠啊。"

情景分析

在销售人员介绍保健品时，顾客在心里已经有了初步的判断，只是习惯于在购买前为自己争取最大的利益，才会问起折扣的问题。

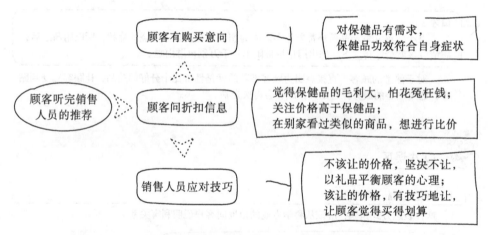

抓住情景重点：（1）揣摩顾客的购买意向：顾客是否决定购买此保健品。
（2）委婉地询问顾客的目的，有针对性地解决顾客疑惑。
（3）技巧应对，权衡力度，把握时机促成交易。

当顾客询问折扣信息时，销售人员要在坚持公司标准的基础上，耐心解释产品定价原则，同时通过重述卖点、赠送礼品等优势弥补顾客要求优惠的心理，鼓励顾客立刻购买。

口才金句

口才 1

先生，我们这款保健品是按底价出售的，不能再打折扣了。您也知道，我们药店一向是保质保量，不欺瞒顾客的。价格是非常超值的，不能再优惠了，这一点请您原谅。

说明保健品没有优惠折扣的原因，让顾客直观地感受到保健品价格很超值。

口才 2

先生，我们的活动是，购买金额达到 1000 元就能享受到九折的优惠。您现在选的这款保健品还差 110 元，我建议您购买一个 120 元保健品专用杯。这个保健专用杯是带刻度的，保温效果非常好，正好可以与保健品搭配使用。这样，您就可以享受九折的优惠了。

说明"满额优惠"的折扣标准，鼓励顾客购买。

口才 3

女士，看了这么多家，您一定对这款产品有了细致的了解。我们这款保健品是大品牌，出厂价高，实在不能为您优惠。因为您十分有诚意，所以再送您一份精美的小礼品。

以礼品弥补顾客的心理落差，促使顾客购买。

口才误区

1. 对不起，先生，我们这里没有折扣。

   这样说话太直接，直接否定了顾客的要求，没有回旋的余地。

2. 不好意思，先生，这个我做不了主。

   这样的推脱毫无道理。销售人员的说法暗指要通过上级才能完成优惠，为销售制造了麻烦。

3. 先生，我们保健品的效果很好，可以缓解症状，强身健体。

   答非所问，顾客会怀疑销售人员有意转开话题，混淆视听。

医药保健品销售人员超级口才训练

3.10　顾客反复询问药品的有效期

情景再现

销售人员为顾客详细介绍药品的信息，引导顾客看说明书，然而顾客并不太关注药品的成分、功能、适应症，反而一再询问药品的有效期。

情景分析

据调查显示，顾客在购药时会首先关注包装盒上的生产日期和有效期，对服用方式、功能和适应症的关注则次之。这种情况的出现主要有以下几方面的原因。

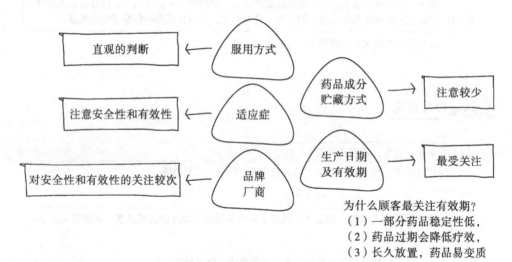

为什么顾客最关注有效期？
（1）一部分药品稳定性低，
（2）药品过期会降低疗效，
（3）长久放置，药品易变质

抓住情景重点：（1）通过说明书和包装盒，向顾客说明药品的有效期，让顾客安心。
（2）告知顾客药品贮藏及延长有效期的方法。
（3）提示顾客药品管理的小技巧，拉近顾客关系。

当销售人员面对反复询问药物有效期的顾客时，首先要肯定顾客的询问，给予顾客最直接的回答，加深顾客的认识，再搭配药品的管理技巧，从而赢得顾客信赖。

口才金句

口才 1
　　正规的药品在包装盒和说明书上都会明确地标注有效期。您看，就在这里，这款药品的有效期到××年×月×日。

　　先侧面烘托药品的正规，再直接调动顾客的视觉感官；通过指给顾客看，让顾客清晰地了解有效期。

口才 2
　　这款药品的保质期是两年，有效期至两年后的七月，还很长。但是这种搽剂具有挥发性，必须冷藏存放，否则容易因为高温而致使药效降低。您存放时注意这一点，这款药品使用两年是完全没问题的。

　　先直接回应顾客，再用温馨提示吸引顾客的注意；告知顾客药品的贮藏方法，让顾客更放心。

口才 3
　　因为这款中成药添加了蜂蜜和红糖，所以在高温受潮时非常容易变质。即使是用白蜡封住，药丸在高温下也有裂开的可能。如果您发现了这种情况，那就一定要予以重视。即使药物在有效期内，也千万不要服用。

　　着眼于药物的成分，说明即使在有效期内，药物也存在不能服用的可能，从而引起顾客重视。

口才误区

1. 包装盒上标着有效期，您先了解一下。现在顾客太多，我没时间向您详细说明。
　　这种说法会让顾客感受到销售人员的忽视和敷衍，容易因为感到不悦而对购买产生排斥。

2. 都跟您说过三次了，有效期到明年七月。
　　销售人员强调自己回答次数，容易让顾客感受到销售人员的抱怨。这种说法不礼貌、不专业。

3. 您放心，我们的药品都是新上架的，不会过期。
　　这种模棱两可的说法，没有直接回应顾客，顾客的顾虑难以消除。

第4章 潜心劝客，化解疑问

4.1 "这药品会产生什么不良反应吗"

情景再现

顾客走进店里，告诉销售人员他想给孩子选一款治疗感冒的药品。销售人员推荐了一款适合儿童服用的药品，顾客不放心地问："这药的成分是什么？没什么不良反应吧？"

情景分析

顾客由于自身不具备与药品相关的知识，单凭服用说明书难以全面了解药品，因此对药品的担忧就直接表现为对药品成分、副作用以及不良反应等的不断询问。

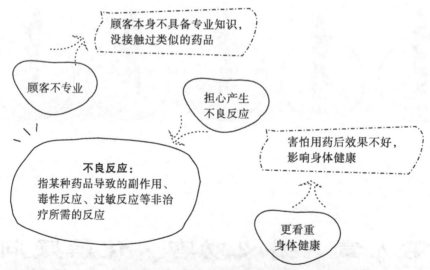

抓住情景重点：（1）详细介绍药品的成分、功效、副作用，给予顾客信心。
（2）向顾客保证药品真实，合适且功效好，解决顾客的疑虑。
（3）耐心回答：不论顾客如何询问，都要耐心解答，让顾客安心。

面对询问药品成分及副作用的顾客，销售人员应详细地回答。顾客了解得越全面、越详细，就会越安心。销售人员从而顺理成章地赢得顾客。

 **口才金句**

> **口才 1**
> 　　这是采用新配方研发的纯中药药品。这些药品成分看着陌生，其来源就是陈皮和人参等。您看，这款药品，虽然没有拆开包装，但是透过包装袋也可以闻到浓郁的草药味。

　　为顾客详细介绍药品所包含的成分时，应当用顾客常见的词语来予以对比并说明，让顾客听得明白；通过邀请顾客看一看、闻一闻，让顾客更放心。

> **口才 2**
> 　　这款药品不会产生不良反应。因为它是中成药，所以没有副作用。您看，这是药品的成分说明。只要您注意服用的注意事项，在服药期间，不吃或少吃生冷食物，一周左右，您的状况会有所改善。

　　对于含有中药成分的药品，直接向顾客描述服用方法，简单明了地回答顾客的问题。

> **口才 3**
> 　　药品出厂前都必须经过国家药监部门的检验。即使药品有副作用，也是在允许的范围内。咱们平时常说"是药三分毒"，每个人身体体质不同，只要您不是敏感体质，并按照正确方法服用，一般不会出现问题。药品的说明书中也对此做了详细的解释。

　　药品说明书中对药品的副作用有详细的说明，销售人员要学会使用药品说明书或保健品说明书来回答顾客的提问。

 **口才误区**

> 1. 成分说明书上有注明。

　　这样的表达方式，容易让顾客觉得销售人员是在抱怨自己提出的问题，产生尴尬。

> 2. 我们的药品都是正规厂家生产的，不会有问题，也没有副作用。

　　这种不专业的说法，过于绝对且不符合事实的承诺不能取得顾客信赖。

> 3. 药品都会有副作用。

　　这样的话语太笼统，容易让顾客觉得销售人员默认了药品存在副作用，从而难以放心购买。

> 4. 买个感冒药而已，还问这么多。

　　这种不礼貌的说法，容易让顾客感到销售人员的不满情绪，从而引发争执。

Chao ji kou cai xun lian

4.2 "这药属于中药还是西药，有效吗"

 **情景再现**

顾客在柜台前找到了一款自己需要的药品，并让销售人员拿出来仔细了解药品信息，半晌过后，顾客问导购："这药是中药还是西药，虽然对症，但是真的有效吗？"

 **情景分析**

顾客在对药品基本了解的基础上，在潜意识中渴望得到对效果的确认或承诺。顾客的根本用意在于，不论是中药还是西药，只要药品功效好。

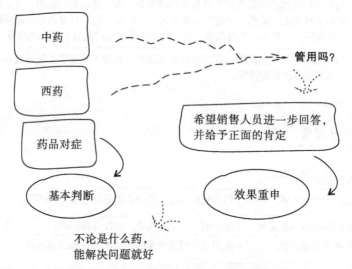

抓住情景重点：（1）抓住药品对症做文章：症状对应，说明顾客选对了。
（2）从药品本身所属性质出发，详细介绍，说明功效。
（3）试探偏好，说明中药、西药各有利弊；科学地回应，增强说服力。

在面对询问药品是属于中药还是西药的顾客时，销售人员要从药品对症的角度出发，科学公正地对比、介绍，让顾客更加坚定自己的决定。

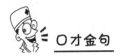 **口才金句**

口才 1
　　不论药品是中药还是西药，都是用于治疗疾病的。刚才我们看的这款是西药，顾客反映效果不错，它的主要成分是……它是专门用来调剂肠胃的，口碑很好。

　　说明不论中药、西药，目的都是治疗及消除病痛。用其他顾客效果良好、口碑不错的反馈暗示顾客，让顾客放心选购。

口才 2
　　刚才我们看的这款中药很适合您，因为您肠胃不好，适合用中药慢慢调理。您看，这款药品是通过充分提炼五味中药的有效成分而制成的，药效显著，一个疗程是两盒，您可以先试试。

　　针对顾客的自身情况，合理地提炼卖点，并从疗效上给予顾客自信；侧面通过对疗程周期的描述，合理地鼓励顾客购买药品。

口才 3
　　您之前是否使用过相似功效的药品？这款药品恰巧针对您所描述的病况，效果应该会很好。它最明显的特点就是见效快，药效维持时间长，服用也很方便。

　　直接描述药品的功效和特点，突出药品的功效，让顾客放心购买。

 **口才误区**

1. 功效很好，这款卖得特别好。
　　药品是特殊类商品，销售人员在推荐的时候一定要注重专业并慎重，说话不能随意。

2. 不论它是中药还是西药，功效好就行。
　　这样的说法没有抓住顾客提问的核心。顾客只是想确认药品的疗效，并不一定真的关注药品是中药还是西药。

3. 如果功效不好，我怎么会推荐给您呢？
　　这样的说法太主观，没有考虑到顾客的切身感受，容易让顾客感到尴尬。

4.3 "这药的疗程也太长了"

情景再现

顾客看中了一款药品，询问销售人员服用的事宜。当顾客听说服用疗程为三个月时，很犹豫地说："这药的疗程也太长了。"

情景分析

顾客在购买药品时，一是希望可以在最短时间内，消除身体上的痛苦；二是担心用药疗程长，从而对身体产生负面影响。

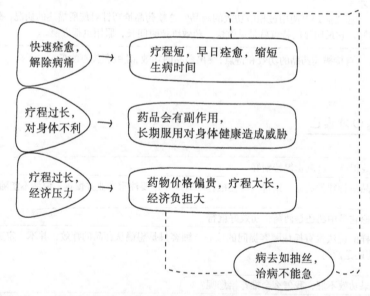

抓住情景重点： （1）安抚劝说：治病不能急，要慢慢进行；治病要彻底，以免反复。
（2）告知顾客谨遵医嘱，尤其针对一些慢性病，需要听取医生意见。
（3）详细解说：每一种疾病的治疗都有一定的疗程，特别是中药，按疗程服用才能达到理想的治疗效果。

面对抱怨药品疗程太长的顾客时，销售人员要不断为顾客灌输治病不能急的理念，同时合理地推荐中药药品。

口才金句

口才 1
　　女士，老话说"病来如山倒，病去如抽丝"。中医讲究辨证论治，因为您这种慢性的、需要调理的虚性症状，一般治起来时间都比较长，所以虚弱不是一时能补回来的。但是中医治疗更彻底且不复发，我们更放心。

　　从顾客健康的角度为其考虑，让顾客易于接受疗程时间偏长、治疗去根的治疗方式。

口才 2
　　这款药品是我们专业的医疗团队针对冠心病而特意研制的，疗程的设计考虑到中药药性温和、平稳等因素，经过了长时间的实验验证，不会因为疗程长对身体造成其他危害。您可以放心服用。

　　详细向顾客解释药物疗程的设计过程，突出其专业性、合理性，化解顾客认为疗程长会有副作用的误解。

口才 3
　　虽然您觉得疗程很长，但是您刚刚表明，医生建议您服用这种药，而且您平时也在辅助使用物理疗法和注射点滴，相信这样配合着治疗，您很快就会好起来。您说呢？

　　在推荐前详细了解顾客的治疗情况，了解的信息越多，顾客越能够选择购买你精心推荐的药品。

口才误区

1. 这疗程不长。
　　这种说法过于笼统和敷衍，销售人员随口的回应难以说服顾客。

2. 保持沉默。
　　这种说法太消极，顾客会认为销售人员认同自己的说法，从而可能造成顾客流失。

3. 您的病况很严重，就得使用疗程长的药品。
　　这种说法不专业，销售人员要尽量避免说"病""灾"这样的字眼。

4. 您是担心因为服药疗程长所以药品费用高吗？
　　这样直接的询问，会让顾客感觉到尴尬。

4.4 "长期服用保健品是不是对身体有害"

情景再现

顾客仔细了解了一款保健品后，还是不放心地问："这种保健品虽然有保健功能，但是长期服用，会不会对身体有害啊？"

情景分析

顾客选择保健品，多数情况都希望能给自己身体带来保健效果。如果保健品服用周期太长，顾客就会担心对身体造成伤害，因此在选购药品的时候难免一问再问。

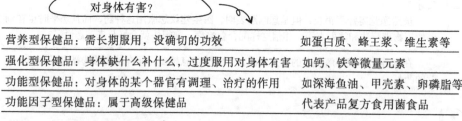

长期服用保健品对身体有害？	
营养型保健品：需长期服用，没确切的功效	如蛋白质、蜂王浆、维生素等
强化型保健品：身体缺什么补什么，过度服用对身体有害	如钙、铁等微量元素
功能型保健品：对身体的某个器官有调理、治疗的作用	如深海鱼油、甲壳素、卵磷脂等
功能因子型保健品：属于高级保健品	代表产品复方食用菌食品

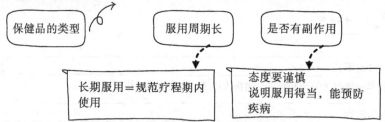

保健品的类型　　服用周期长　　是否有副作用

长期服用＝规范疗程期内使用

态度要谨慎
说明服用得当，能预防疾病

抓住情景重点：（1）区分概念：营养型保健品与功能因子型保健品长期服用无害。

（2）全面介绍：从顾客的病情和保健品的成分、疗程、适应症等方面进行全面介绍，消除顾客的误解。

（3）专业引导：实际生活中，并不会有人刻意去过量地使用保健品，销售人员要适度引导顾客。

面对这种担心长期服用保健品对身体造成伤害的顾客时，销售人员要正确地帮顾客区分保健品概念，对保健品的服用进行专业的说明和引导，从而解除顾客的疑虑。

 **口才金句**

口才 1
　　保健品长期服用对身体是有益的，尤其是这类中药保健品，药性很温和，被吸收后起到从内到外的综合治疗效果，虽然服用周期长，但是会产生意想不到的疗效。您不妨先服用一个疗程来改善一下，您看怎么样？

　　首先肯定保健品的保健作用，然后具体介绍保健品的药性与服用周期长的关系，强调保健品的优势。让顾客先试用并感受保健品的疗效，使服务更贴心。

口才 2
　　老先生，想要彻底根除这种慢性病，需要一个循序渐进的过程。我们推出的这款保健品是由纯中草药提炼而成的，重在内在调理，既能从根本改善体质，又不会给您的身体造成伤害，您可以放心。

　　从病情角度分析长期服药的优势；从保健品成分角度说明保健品是纯天然的，说明保健品既能改善体质，又无伤害，顾客才能放心购买。

口才 3
　　保健品属于食品，药食同源就是表达这种观点。生产这款保健品所使用的药材，全部都是精选的对身体有益的药材，像枸杞、山药这些药材本身也可以当食材用，所以不会对身体有害。您就放心吧。

　　着眼于药食同源原理，突出保健品配方的特色，说明保健品安全有保证，长期服用有益身体健康。

 **口才误区**

1. 您放心，绝对不会对身体造成损害。
　　这种说法太敷衍、太绝对，没有足够的理由让顾客信服。

2. 您怎么能怀疑长期服用保健品对身体有害呢？
　　语气强烈的质问，容易让顾客感受到销售人员对自己的不满。

3. 长期服用应该没事。
　　销售人员不自信的话语，更容易引起顾客的质疑。

4.5 "这几种药品有什么区别啊"

情景再现

一位顾客想为自己的父亲选购一款降压药，最终将范围缩小到四款药品上。可是顾客最终没能决定购买哪一款，只好无奈地问："这几种药品的名字很像，都有什么区别？"

情景分析

顾客多半都不具备专业的医药知识，加上一般的药品都是以化学成分命名，因此顾客对功能相近、名称相似的药品难以予以正确的区分，也无法通过药品的名称来了解药品的相关信息。

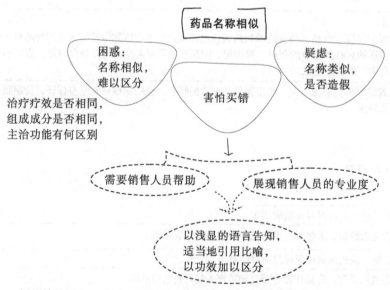

抓住情景重点：（1）对比功效：两两对比，突出各自特点。

（2）差异联想：多用非专业术语进行解释，或举例说明差异。

（3）从药品名称的由来着手，消除顾客的疑虑。

面对因为药品名称相似而不知如何选择的顾客时，销售人员可以从药品的功效、成分、疗程、药物性质等方面为顾客进行对比并说明差异，让顾客分清差异，并放心购买。

 **口才金句**

口才 1

这类药品都是以化学成分或某种元素来命名的，所以名字都差不多，但是它们的功效都是不一样的。您看这款主治胃疼，另一款主治感冒风寒。您想要哪种功效的保健品？

销售人员无需说明药品的成分，只要明确药品的具体功效就可以。销售人员除了直接告知药品功效的差异，还可以通过探询顾客的具体需求，推荐功效类似的药品。

口才 2

虽然这两款药品的名称只差一个字，但功效差别很大。您左手拿的这款是用来治疗高血压的，正适合您的需求；而另外的这款药品则是治疗甲状腺的，您可千万别用，否则容易引起药物过敏性皮疹，您仔细看一看。

以"左、右"等指代性明确的词汇来区分名称相似的药品，避免在介绍时使顾客因为药品名称相似而混淆；在介绍药品的功能时要详细、清晰，并对其作对比，让顾客一听就能分清。

口才 3

您拿的这两款都是止痛药，虽然药名不一样，但是成分和功能是差不多的。您只要选择其中的一款就可以，没有必要全都购买，一是可以减少购药的费用；二是可以避免您回去因为疏忽而同时服用，无形中加大了服用剂量，对身体造成危害。

对功效相同或相近药品的介绍要客观，提示顾客不要重复购买，避免无形中加大服用剂量，给身体造成危害，让顾客感受到服务的专业、周到。

 **口才误区**

1. 这几种药是很像，也没太大差别。

这种说法不专业，并没有消除顾客的疑问。

2. 名称虽像，功能却不一样啊。您仔细看一看说明书，那上面都有说明。

销售人员推卸自己的销售责任，并且服务态度消极，没有为顾客提供专业的指导和服务，使顾客难以选择。

3. 我仔细跟您说说啊，××药品……，××药品……（直接、全面地介绍药品）。

销售人员运用技巧不到位，一下子向顾客传达了大量的相似信息，顾客难以对其做出对比。

4.6 "过敏性体质吃这种药会不会过敏"

 **情景再现**

顾客在店里仔细地挑选后，选定了一款正好适合自己症状的药品，问销售人员："这种药体质过敏的人能吃吗？"

 **情景分析**

药物的过敏反应与体质相关。如果顾客是过敏性体质，销售人员在帮助顾客选药的时候要格外慎重，以免因为用药不当而引起过敏，对身体造成其他伤害。

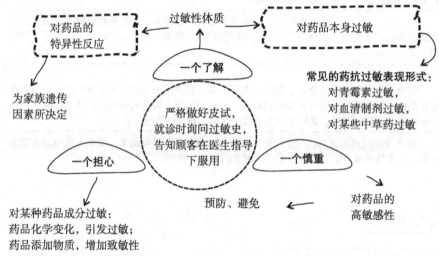

抓住情景重点：（1）细心询问，针对情况，灵活处理。

（2）详细地解答，条件允许时为顾客测试过敏反应。

（3）先肯定顾客购买慎重的行为，说明不会引起过敏；再细说原因，让顾客放心。

销售人员面对过敏体质的顾客时，询问情况要细致，为顾客测试要贴心，得出结论要慎重，推荐药品要适宜，只有这样才能让顾客信赖。

 口才金句

口才 1

过敏性体质对药品的敏感性高，您是首次使用这种药品，我建议您在医师的指导下服用，千万不要盲目选购。我们店有专门的驻店医师，您可以和他进行细致的沟通，相信他肯定能给您带来帮助。

说明过敏性体质的人应在医师的指导下服用药品；带顾客寻求医师的帮助，不盲目推荐药品。

口才 2

这款药品里面含有青霉素，如果您不了解自己对它是否过敏，我建议您到医院进行皮试，结果很快就能出来。如果过敏我们可以换一款药品，这样我们用药也能放心。

介绍药品中容易引起过敏的成分，并在顾客不了解自己对其是否过敏的情况下建议顾客做皮试，这样处理让顾客既安全又放心。

口才 3

对口服药的过敏反应相对较慢、较轻，因此，对于过敏体质者，应尽量先考虑口服药。我们这款就是口服药，它是为过敏体质人群研发的，除了一般清热药品包含的成分之外，它还融合了抗过敏元素，目的在于降低过敏体质人的用药过敏可能性。

合理地说明过敏体质人群应首选口服药，再突出口服药品融合了抗过敏元素这一卖点，向顾客传达药品的针对性、专业性，促使顾客放心购买。

 口才误区

1. 您放心，这款药品绝对不会过敏。

销售人员要对自己的言语负责，这种过于绝对的承诺难以取得顾客的信任。

2. 一般人吃不会有问题，但对过敏体质我也不太确定是否适用。

这种说法不专业，既不能为顾客解答疑问，又提不出解决策略，这样容易让顾客流失。

3. 您还是去医院买吧。

直接放弃为顾客服务，可能会失去交易机会；同时容易引起顾客的不满，产生负面口碑。

4.7 "服用这种药有什么禁忌吗"

情景再现

顾客拿着一款看中的药品问销售人员："服用这种药需要控制饮食吗？有什么禁忌吗？"

情景分析

顾客询问服用药品是否需要控制饮食以及有无其他禁忌，无非是为了让药品疗效得到最大限度的发挥，在服药的同时不触碰禁忌食物，避免事倍功半或触发其他不良影响。

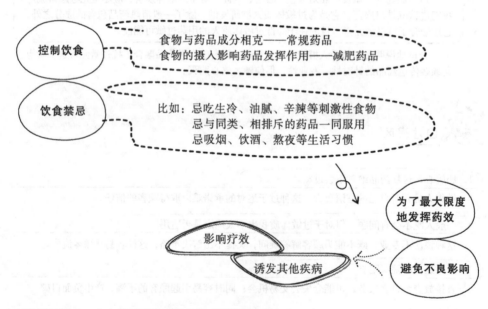

抓住情景重点： （1）详细地为顾客分析，消除顾客顾虑。

（2）禁忌全面提示，突出说明重点。

（3）借鉴药品说明书，为顾客标注重点，详细说明。

在意用药禁忌的顾客，其购买动机更为强烈。销售人员在详细为顾客分析、介绍的同时，可以借鉴药品说明书，来提醒顾客注意服药的禁忌。

 口才金句

口才 1

女士，这正是我想提醒你的。您在服用这款保健品时并不需要特别注意地控制饮食，您只要注意饮食均衡，避免暴饮暴食；另外，少吃含糖量较高的食物。从长远关系来讲，对您的身体是有益的。

对无需控制饮食的药品也要直接说明注意事项，同时从专业的角度出发，为顾客提供合理化的饮食建议。

口才 2

为了取得良好的服药效果，在饮食上需要格外注意。在说明书上列举的注意事项中，您一定要特别注意不能饮酒这点。

利用药品使用说明书，为顾客全面讲解服药禁忌以及应格外注意的事项。

口才 3

服用这款保健品不需要刻意地节食，节食不利于身体健康，不过这也并不意味着可以随心所欲地吃。服用说明特意添加了六项饮食提示，我都给您标示出来了，相信只要您按时、按量、按叮嘱服用我们的保健品，效果会非常好。

让顾客了解饮食上的注意事项，同时标示出饮食禁忌以引起顾客注意，用联想的方式为顾客设想用药效果，坚定顾客购买信心。

 口才误区

1. 不用节食，也没什么其他禁忌。

轻描淡写、过于随意的言辞容易让顾客感觉销售人员是在敷衍自己。

2. 说明书上都写着呢，您自己看一看。

这种态度不积极，容易让顾客觉得自己问得多余，产生尴尬。

3. 这禁忌很多，一时半会儿也说不清楚。

这样的话语没有直接地回答重点，容易让顾客产生焦躁、厌烦的心理，挫伤其购买热情。

4.8 "这种保健品是哪生产的，质量可靠吗"

情景再现

顾客选好一款保健品后，问道："这是哪生产的，质量可靠吗？"

情景分析

厂商与品牌在一定程度上标志着保健品的质量和疗效的优良。顾客询问厂商，既是对保健品功效及质量的一种确认方式，也有可能是顾客购买时偏好的反映。

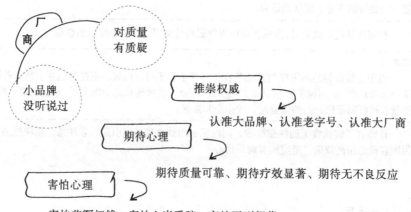

抓住情景重点：（1）详细说明厂商，结合包装印刷部位给顾客指明。
（2）用各种证书说明厂商的正规性。
（3）用消费者的反馈和市场销量说话，消除顾客的顾虑。

面对不了解保健品的生产厂商而对质量产生怀疑的顾客，销售人员要追根溯源，言明保健品质量可靠，从而打消顾客的顾虑，赢得顾客的信赖。

口才金句

口才 1

老先生，您看包装盒背面，这上面清晰地印有保健品的生产厂商以及研制机构。这款保健品的品牌是大品牌，在医药保健品行业已经有二十多年的畅销历史，口碑特别好，质量有保证。您可以放心购买。

指出包装上印有的生产厂商，并清晰地告知顾客具体信息。用保健品品牌历史久、口碑好等特点说明质量有保证，消除顾客的顾虑。

口才 2

这款保健品是 ×× 厂商生产的，在本市市场刚开始推广，您可能不太了解。这款保健品销售了半年多的时间，其顾客反馈一直很好，回头客也比较多。您不妨买两盒试一试。

如果顾客不了解厂商，销售人员要详细介绍原因，同时用其他顾客反馈的真实情况为依据，说服顾客购买。

口才 3

我们的保健品都是由 ×× 厂商生产的，您肯定听说过这个厂商。它在业内口碑很好，也十分权威，研发技术一直也是最先进的，而且这款保健品已经上市六年了，其质量有保证。

对于为大众所熟知的大厂商，用权威和研发技术来保证保健品质量，从而说服顾客购买。

口才误区

1. 保健品质量有保证，您就放心服用。

这种说法既没有足够的理由和证据，缺乏说服力，容易让顾客觉得这是一种习惯性的说辞。

2. 是 ×× 生产的。

这种说法太简略。如果顾客不了解该厂商，难以消除顾客对于质量的质疑。

3. 这是某某明星做广告的那款保健品，质量可靠，您放心使用。

在没弄清顾客信息的情况下，以明星做广告为质量可靠的依据，不一定能赢得顾客的认同。

4.9 "给我个新包装吧"

情景再现

顾客选购好保健品，对销售人员说："这是我买来送人的保健品，给我一个新包装吧。"

情景分析

顾客买保健品送礼，一般都会在意保健品的包装。外观全新，漂亮美观，设计有档次的包装，能够让顾客感觉有面子，无形中增加了保健品的价值。

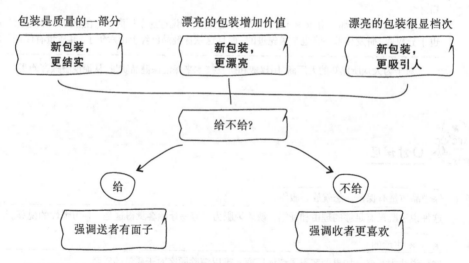

抓住情景重点：（1）送新包装时态度要爽快、果断；不送新包装时态度要客气、委婉。
（2）送新包装：突出新包装的精致、漂亮，凸显档次，送者有面子。
（3）不送包装：突出原包装的标志、品牌，凸显诚意，收者更喜欢。

销售人员在面对要求更换新包装的顾客时，不论是否能满足顾客的需求，都要用真诚的态度与合理的解释打动顾客，让顾客觉得合情合理，买得开心。

口才金句

口才 1

　　我们的这种礼盒包装，很多顾客都特别喜欢，看着特别大气经典。这包装礼盒本来是收费的，我免费送您一个。您要认为我们的保健品疗效好，下次再过来选购。

　　即使是能直接送给顾客礼盒，销售人员也要充分阐述礼盒的意义以及来之不易；通过赠送包装，让顾客承下人情，增大下次再来的概率。

口才 2

　　真是不好意思，您选的这两款保健品都没有额外的包装。这两款保健品本身都带着提手，而且在盒子上直接印有品牌标志，我觉得这样反而更适合送礼，您意向如何？

　　巧妙地通过保健自身包装的提手以及原品牌 logo，让顾客明白原有包装的优势，让顾客自然而然地放弃索要新包装。

口才 3

　　我明白您的意思，您是希望换个新一点的包装。这包装盒出厂的时候就是与产品配套的，您也看到了，我是从库房直接给您拿的货。在库房存放，盒子上落点灰尘是难免的，我给您用软布擦一下，您看这样就和新的一样。

　　实事求是地说明一份保健品一份包装是厂家的配置；并通过擦拭包装使其光洁，有效地解决顾客想换包装的难题。

 **口才误区**

1. 对不起，包装都是一配一的，没有可以换的。

　　这样直接的拒绝，会让顾客感觉刺耳，容易挫伤顾客的购买热情。

2. 还要新包装干嘛，这个就挺好的。

　　这种随意的回答，没有足够的说服力让顾客放弃索要新包装。

3. 您想要新包装？我可做不了决定，我只是个销售员而已。

　　这种不尽心的回答，容易让顾客认为这是销售人员敷衍自己的借口，会引起顾客的不满。

4.10 "这款保健品适合我的症状吗"

情景再现

销售人员推荐了某款保健品后，顾客问销售人员："我的症状，吃这款保健品真的管用吗？"

情景分析

"这个管用吗？"这是顾客经常说的一句话。顾客购买保健品，总会再三确认保健品是否适合自己，有没有功效，这主要是由三个不信任造成的。

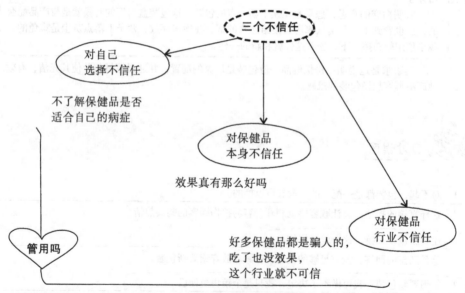

抓住情景重点：（1）主动讲解：客观科学地评价保健品行业。

（2）对症说明：将保健品的适用症状与顾客的症状对应，——讲解。

（3）实例说明：可以通过实际案例或讲故事的形式，增加信服力。

当顾客质疑保健品的功效时，销售人员要采取主动讲解、对症说明、实例说明的方法，将顾客的不信任变成信任。

 **口才金句**

口才 1

根据您所说的症状，这款保健品正适合您。这款保健品的主要成分是……这几种药材都有补脾养胃，暖胃驱寒的作用，正好适合治疗您胃寒引起的胃部寒凉、疼痛、恶心等症状。包装盒上也注明了适用症状。我觉得这款很适合您。

主动地对症说明，让顾客了解到药物成分及其功效，使其相信选择的正确性。

口才 2

我不能向您保证服用保健品后症状会被彻底治愈，这样的说法有蒙骗您的嫌疑。因为人的体质不同，所以同一款保健品对不同人的效果也不同。我们这款保健品的功效正好适合您现在的症状。您服用后，症状能够有所改善。

先客观分析，说明个人体质不同，因而疗效不同，不保证彻底治愈，这样反而让顾客感觉到真实和可信，博得其信赖。再通过对应症状说明保健品适合顾客，服用保健品后症状会有所改善，让顾客放心购买。

口才 3

保健品行业的销售代理商良莠不齐，因此会出现一些信誉问题。但是您看，我们的保健品的品牌是××，该品牌是大品牌，由正规厂商生产，有几十年的信誉，因此保健品质量有保证。我建议您买一个疗程试一试。

坦诚承认保健品行业的客观问题，但是提醒顾客不能以偏概全。通过说明保健品品牌是正规厂商生产，大品牌，有几十年信誉，保证质量没问题，让顾客明白其疗效有保障。

 **口才误区**

1. 您放心，这款保健品绝对有效果。

这样的话是顾客最常听到的，因此也容易让顾客觉得是销售人员随口的承诺。言语过于绝对，可信度低。

2. 很多服用过的顾客都说疗效好。

这种说法不专业。对其他顾客适用并不能说明对所有顾客都适用，这样难以消除顾客顾虑。

3. 说明书上的适用症状正对您的症状，您怎么会怀疑保健品不管用呢？

这种不耐烦的话语，很容易让顾客产生抵触情绪。

4.11 "我朋友说这款保健品疗效不好"

 情景再现

顾客拿着一款保健品观看，销售人员对保健品进行了详细的介绍，顾客却说："我朋友用过这款保健品，她说没效果。"

 情景分析

在顾客购买保健品时，时常听到顾客说朋友用过，但没有效果，这可能是顾客对保健品存在误解，可能是顾客的朋友服用了却无效，也可能是顾客惯用的说辞，是用来试探能否降价的手段。

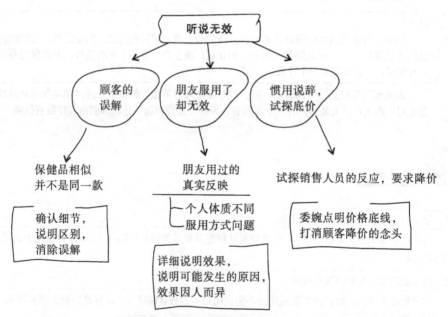

抓住情景重点：（1）仔细询问：保健品差异很不容易区分，询问是否存在误解。

（2）直接传达效果因人而异的观点。

（3）委婉点破，打消顾客降价的念头。

销售人员在面对顾客"隐身"的朋友时，消除其误解要客观，解释原因要详实，点破借口要委婉，这样才能赢得顾客，促使顾客购买。

 **口才金句**

口才 1

您朋友用的是我们品牌的这款保健品吗？我知道市场上大概还有三款同类的保健品，看上去差不多，很容易混淆。我们这个品牌的保健品在包装盒正反两面都有明显的品牌logo。因为这款保健品口碑一直很好，所以您是不是有什么误会。

用询问的方式，引起顾客的注意；借用市场上类似保健品很多，容易混淆的说法，针对误会进行解释。

口才 2

听您这么说，真的很遗憾这款保健品没能帮到您的朋友。其实，每个人的体质都各不相同，在服用保健品时，吸收的效果和很多因素都有关系，所以效果可能因人而异。这款保健品的确不错，所以，如果您觉得好，您可以自己先买一盒试一试。

首先要向顾客表达"保健品对朋友未见效"的遗憾，再客观说明保健品的效果因人而异。如果顾客认可这款保健品，最后可以用征询的语气提醒顾客可以亲自试一试。

口才 3

这款保健品是上周才出厂上架并销售的，这是我们的出厂质检报告单，您朋友不可能在几个月前就用过，也许这之间有什么误会。这款保健品上市一周内卖得特别好。为了拓展市场，我们特意推出了买赠活动，现在购买非常超值。

利用保健品上市的时间，委婉点破顾客的说辞。通过销量和促销活动，暗示价格已经不能再低。

 **口才误区**

1. 我们保健品效果特别好。

这种过于直接的表达，对顾客的说辞直接进行了否定，会引起顾客的不满。

2. 哦，是吗？（沉默不语）

沉默即默认，顾客会认为保健品没效果，因此可能会放弃购买。

3. 不可能，可别听您朋友的话。

直接地质疑顾客，并同时攻击顾客与朋友的关系，很容易引起顾客的不满。

第 5 章　尽心稳客，解决异议

5.1 "我身体这么好，不需要买保健品"

情景再现

顾客进店后慢慢地浏览店内的保健品。销售人员走上前去询问顾客的具体需求，顾客却说："我身体这么好，不用买保健品。"

情景分析

很多保健品的目标客户都存在类似的心理：在不生病的时候，认为自己身体健康，因此不注重日常的保养。这主要是因为是顾客对保健品的认知不足，需求模糊。

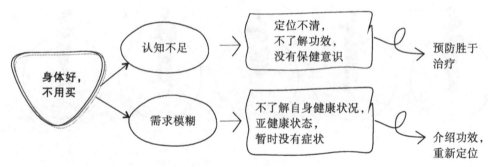

抓住情景重点：（1）暂表认同：说明这是大众消费者普遍的想法。
　　　　　　　　（2）纠正认知：告知对方保健的理念在预防。

面对因为身体好而拒绝购买保健品的顾客，销售人员要耐心地为顾客树立保健意识，细心地算好一笔账，帮助顾客挖掘自身的需求。

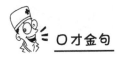 **口才金句**

口才 1

　　顾客为老年人：老先生，听到您说自己身体好，我真心为您感到高兴。但您看，咱们上了年纪，身体的抵抗力一般没有年轻时那么强了，这点您也认同吧。说实话，老年人购买保健品，就是为健康投资，老话说得好：植病在青年，得病在中年，发病在老年。老先生，您说是不是得提前预防呢？

　　对于老年顾客，应先结合其健康状况，说明人到老年保养和预防的重要性；再以一句老话为切入点，为顾客重新树立保健意识。

口才 2

　　顾客为中年人：我理解您的想法，现在很多人都处于亚健康状态。像我们这个年纪的人，生活压力大，适当地服用一些保健品可以调节身体，增加身体机能，对保持良好的精神状态和增强工作能力都有帮助。我觉得您可以试一试。

　　先诚恳地表示理解顾客的想法，再利用中年顾客普遍生活压力大的特质，说明保健的重要性。从顾客角度出发考虑问题，自然能赢得客户共鸣。

口才 3

　　顾客为年轻人：现在三高问题越来越年轻化，这和现代人的饮食习惯和运动少有很大关系。身体好的时候不重视保养，如果出了问题就只能到医院就医，这样更加浪费时间精力和财力。您可以先了解一些关于保健的知识。您看这款保健品的说明就很有特色。

　　通过多发的健康问题，引起顾客注意，委婉地向顾客说明保健品的重要性，再用"买不买没关系"的说法，劝导顾客了解保健知识，拉近和顾客的距离，为顾客选购保健品创造机会。

 **口才误区**

1. 身体好也需要保健品。

　　语言苍白无力，这种说法难以说服顾客。

2. 很多人都是觉得自己身体没问题，但是万一以后生病就是大问题。

　　语气强烈，这样的话语似乎在暗示顾客将来会生病，从而招致顾客的厌恶和反感。

3. 我们的保健品疗效好，您不买将来肯定后悔。

　　言辞中带有对顾客的威胁，顾客会因此产生排斥感和逆反心理。

5.2 "保健品不能治病"

情景再现

销售人员向顾客详细介绍保健品的功能后，顾客却不以为意地说："你说得是不错，可是保健品又不能治病，我不买。"

情景分析

顾客以保健品不能治病为由拒绝购买，主要是因为顾客不了解保健品与药品的区别，混淆了药品和保健品的功能界定，觉得保健品不能治病就没有作用，买了是浪费钱。

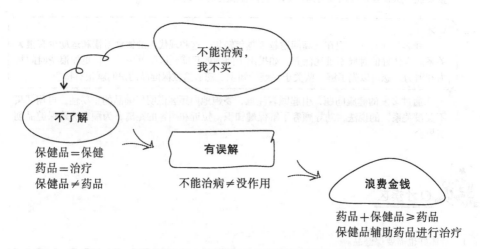

抓住情景重点：（1）实例说明：用具体实例说明保健品与药品的区别及功效。
（2）转移视线：不"治"能"防"，说明保健品的价值。
（3）强化保健品的辅助功效，弱化"不能治病"在顾客购买决策中的作用。

面对以保健品不能治病为由拒绝购买的顾客时，销售人员区分概念要恰当、形象，推荐要一针见血，最好能以实际案例来说明保健品辅助药品发挥功效的价值。

口才金句

口才 1

　　保健品重在对营养的补充和对身体机能的调节，它和药品功能的最大区别就在于预防。现在生活节奏快，人们大多处于亚健康状态，身体或许没有表现出症状，但营养结构已经悄然发生了变化，出现了隐患。这时保健品可以经过内部整体调节，预防疾病，确保健康。

　　向顾客说明保健品和药品在功效上的区别，再根据人们的真实健康状况进行分析，强调保健品预防的必要性。

口才 2

　　和药品不同，保健品没有副作用，可以长期服用。我们药店的顾客中也有在服用药品的同时，服用保健品的，这样互相协调可以促进药效最大限度的发挥。有几位阿姨服用保健品几个月以后，减少了药物的用量，病情也稳定了，我特别为她们高兴。

　　强调保健品无副作用，可以放心服用；以店里其他顾客的真实例子，向顾客说明保健品与药物同时服用，能够起到良好的辅助治疗效果。

口才 3

　　很多保健品在本质上，都是用不同的中药配制而成的。老年人慢性病多，最好少用或不用西药，尽可能用含中药成分的保健品调理。就像您刚看的那款保健品，就是使用中药成分配制的，一般服用一个疗程后就会有明显的效果。

　　结合顾客的年龄阶层特质，提醒顾客，最好少用西药。同时说明中药成分保健品的适应性与调理性，通过引导顾客回忆刚刚看过的产品，激发顾客的购买兴趣。

口才误区

1. 保健品从名字就看得出是保健的，您怎么能强求保健品也能治病呢？

　　这种言辞过于犀利，容易让顾客觉得销售人员在讽刺自己，产生尴尬。

2. 保健品也能治病啊，你先买两盒试试吧，肯定有作用。

　　销售人员要记得不能欺骗顾客，为了促使顾客购买而胡乱承诺，是对顾客的不负责任。

3. 保健品是保健预防的，要治病去买药好了。

　　这种态度消极的说话方式，放弃了说服顾客，彻底失去了交易机会。

第5章　尽心稳客，解决异议

5.3 "我前几天刚买过，这次不买"

情景再现

几位顾客一起走进保健品店，销售人员赶紧迎上去，询问顾客具体想买什么类型的保健品，顾客说："我这次是陪朋友来的，我前几天刚买过，今天就不买了。"

情景分析

顾客说自己前几天买过保健品，说明顾客具备常规的保健意识，而这次不买，则有可能是因为家里的保健品还没有吃完。

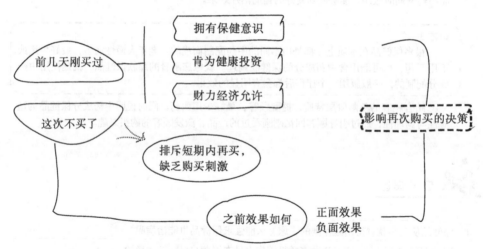

抓住情景重点：（1）为顾客之前的购买点赞，肯定其保健意识。

（2）巧妙地试探需求。

（3）言简意赅地突出亮点，将要推荐的保健品展现给顾客。

对于刚刚购买过保健品而拒绝再次购买的顾客，销售人员要肯定顾客对健康的重视，并通过询问已购买保健品情况，展示待销保健品的信息，突出亮点进行推荐。

口才金句

口才 1

女士，您之前就买过，真有保健意识。您之前买的哪款保健品，感觉怎么样啊？

赞美顾客的保健意识，拉近关系，并通过直接询问顾客之前购买保健品的具体信息，捕捉顾客的喜好和倾向，有利于进行下一步的针对性推荐。

口才 2

您买过这款保健品吗？哦，原来您是我们的老顾客，怪不得我觉得您这么熟悉。这款保健品需要天天服用，您之前买的也快吃完了吧，要不今天再买几盒，现在赶上国庆，有促销活动，价格比之前便宜了近20%。您再来几个疗程的？

肯定老顾客对保健品的熟悉度，增加好感；通过保健品服用频率和促销活动价格先后的对比，建议顾客购买并储备。

口才 3

您之前购买的保健品品牌不错，据我所知它的功效是挺好的，您的健康意识真的很强。我们这里现在有一款新上市的保健品，和您之前买过的保健品功能互补，也是老品牌。我拿给您看一看吧，希望您得到更多的健康。

先肯定顾客之前购买的保健品，再利用待销保健品与顾客所买保健品的区别和关联，巧妙地向顾客推荐。

口才误区

1. 您再多买一款，反正价格又不贵。

在没有摸清顾客真实的想法时，用价格来说服顾客是不专业的说法，这种说法难以说服顾客。

2. 哦，已经买过了，那您再看一看别的。

如此应对过于消极。顾客已经购买过说明顾客对保健品认可，销售人员应该抓住机会推荐其他保健品。

3. 不可能吧，这款保健品刚刚上架销售。

直接戳穿顾客拒绝购买的借口，会让顾客感到尴尬。

5.4 "我都没听说过这个品牌，用着不放心"

情景再现

顾客拿着销售人员帮助选择的保健品，询问了一些保健品的具体信息。当销售人员介绍到品牌的时候，顾客说："我都没听说过这个品牌，用着不放心。"

情景分析

因为没听说过品牌而拒绝购买保健品的顾客，通常比较重视品牌效应，而且选购谨慎。

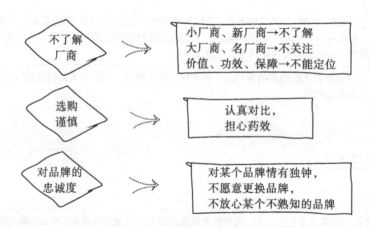

抓住情景重点： （1）详细地介绍品牌，争取顾客的认可。
（2）有效利用工具，增加说服力。
（3）销售人员要熟知品牌信息，及时分辨此种说法是否是顾客的托辞。

面对这种以品牌没听过为拒绝购买的借口的顾客，销售人员要先保证对自己推广的产品了解并熟知其优势，然后才能向顾客详细介绍品牌渊源，再通过宣传片、宣传册及医院推荐等途径辅助介绍，消除顾客关于品牌的疑虑。

口才金句

口才 1

您真是个细心的人，买保健品就得像您这么仔细。这款药品是××厂商生产的，的确是个新品牌，但药品质量绝对有保障。他们有近 100 人的专业研发团队，生产设备也是从国外引进的，在保健品行业发展迅猛，您看现在我们店内多媒体播放的宣传片就是这个品牌的。

先肯定顾客选购仔细，拉近与顾客的距离，直接说明该品牌虽是新品牌，但具备核心优势；再利用店内的多媒体展示，向顾客证明品牌可靠，信得过。

口才 2

这个品牌一直以口碑宣传为主，并没有借助媒体、广告做宣传，所以您可能不太了解。它是专门做中药调理性保健品的，已经有二十多年的制药历史了，对心血管疾病的预防效果很好，很多医院都有推荐。您尽可以放心。

说明该品牌靠口碑宣传，不做广告，同时强调了该保健品品牌低调、重研发、口碑好，被医院推荐等特点，解答了顾客的疑虑。

口才 3

这个品牌是进口保健品，原来在南方市场做的更多一些，现在刚开始推广北方市场，所以多数北方消费者都不是很了解。但我要跟你提××代言的那个广告，您可能就有印象了，那款保健品和这款是同一个品牌，质量信得过。

以事实说明该保健品在本区域刚上市，但是品牌属于老品牌；再通过介绍同品牌的代言人，增加顾客对品牌的认同和信任。

口才误区

1. 没听过？这可是老品牌了。

   这种说法语气强硬，有讽刺顾客孤陋寡闻的意思，容易引起顾客不满。

2. 确实是小品牌，以前我也不知道。

   向顾客传达了负面信息，容易增加顾客的担心，致使顾客放弃购买。

3. 这个品牌可出名了，打了很多广告，电视里都是我们的广告。

   暗示保健品是大品牌而顾客竟然不知道，这样的说法会让顾客很尴尬。

5.5 "我上过好几次当，不敢再相信了"

情景再现

在顾客走进保健品店后，销售人员热情地上前介绍保健品信息。顾客说："我上过好几次当，不敢再相信了。"

情景分析

由于保健品销售商资质良莠不齐，以及一些不法经销商蓄意夸大效果，因此保健品销售人员经常听到顾客抱怨"上过当，不敢再相信了"。这类顾客因为自己的切身经历，而对销售人员的推荐保持高度警惕。

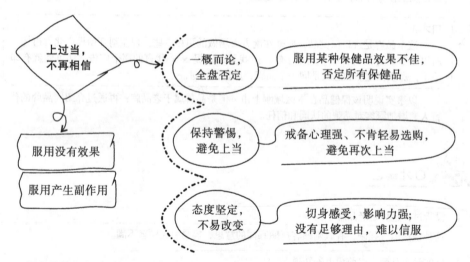

抓住情景重点：（1）转变顾客的观念，劝导顾客要区分不同的保健品，不能一概而论。
（2）改"买"为"看"，消除顾客的警惕心理。
（3）营造信任的销售氛围，使用轻松的语气，有理有据地予以说明。

顾客不敢再相信保健品，说明顾客曾对保健品持相信态度，但因为一次乃至多次服用效果不明显等原因，从而不再相信保健品。销售人员只要能追根溯源，将顾客对保健品的信任重新树立起来，就能达成交易。

 口才金句

口才1
　　虽然现在保健品市场存在不良厂商仿冒的情况，但是相信您一走进我们的门店就感受到了我们药店的规范性，我们是厂家直销，除了保健品的陈列架，还有展示我们的售后服务范围和承诺，以及社会评价和消费者口碑墙。您仔细地看一看，如果看中了哪款保健品，我再给您详细介绍一下。

　　针对保健品大市场的个别现象，不管销售人员还是销售厂家都要注意营造信任氛围，从卖场布置到对保健品的介绍都要强化信任度的建立。

口才2
　　您以前遇到的那些保健品销售员可能存在不诚信的推销行为，因此您对我们不相信这是可以理解的。我们的品牌成立12年了，是真正立足保健行业的品牌，我们有自己固定的连锁店面，并承诺无理由退货。如果您还不放心，可以参加我们的顾客联谊会，听一听其他人的意见。

　　从品牌信誉及其经营模式的角度给予客户信任与保证，并通过"无效退货"消除顾客害怕上当的顾忌。通过邀请顾客参加联谊会，让顾客亲身感受，获得顾客的口碑和信心。

口才3
　　根据您说的情况，您这两次选择的保健品的品质都不错，但它们的适用范围并不对您的症状，所以效果才不明显。购买保健品除了关注品质还要关注是否对症，我们这款就是专门针对心脑血管疾病研发的，可以起到清洗血管的作用，对治疗冠心病有很好的辅助效果。

　　站在顾客角度，切实为顾客分析"上当"的原因，说明保健品选择的原则是"对症"，并用保健品的卖点吸引顾客注意。

 口才误区

1. 您之前买的哪款保健品，这款和您之前买的肯定不一样。
　　这种说法没有说服力，而且容易让顾客感受到销售人员的抱怨情绪，引起顾客不满。

2. 我们的保健品是大品牌，绝对不会让您上当。
　　这样的说法，容易让顾客觉得是销售人员在用品牌做托词，且没有足够的理由让其信服。

3. 我们的保健品十分好，绝对不会欺骗您。
　　过于急切地让顾客购买，容易给顾客造成心理压力，从而让其产生逆反心理。

医
药
保
健
品
销
售
人
员
超
级
口
才
训
练

5.6 "保健品我没法报销"

情景再现

顾客挑选了几款中意的保健品，快结账时，却犹犹豫豫。销售人员上前询问原因，顾客说："保健品不在医保范围内，我没法报销。"

情景分析

顾客在医保范围内能够免费服药打针。顾客因为保健品不能报销而拒绝购买，说明顾客混淆了药品和保健品的作用，另外也说明顾客精打细算，更看重短期利益。

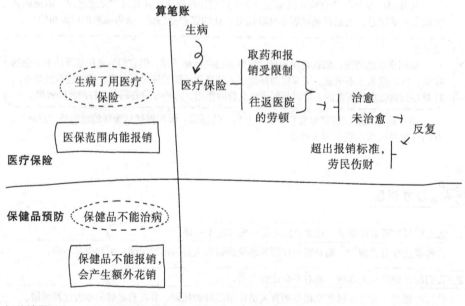

抓住情景重点：（1）转变顾客的观念：先重防，再说治。
　　　　　　　　（2）精打细算：大病、重病使用医疗保险仍需支付部分费用。
　　　　　　　　（3）明确定位的不同：保健不同于医疗，但胜于医疗。

顾客因为保健品不能报销而产生犹豫，不愿意购买。销售人员要树立顾客的保健意识，先说预防，再说治疗，告知顾客药品与保健品的不同作用，使顾客更乐于接受。

 **口才金句**

口才 1
　　保健品虽然不能报销，但是花销并不高。您看这一盒保健品 500 多块，能吃将近两个月，平均每天是 10 多块钱，花费不高，不会有经济负担。关键是保健品能对咱们身体进行调节，让身体更健康，这肯定比您生病后购买药品划算呀？

　　为顾客精打细算，坦诚告知虽然保健品不能报销，但是每天只需十几块钱就能让身体更健康，以此打动花钱谨慎的顾客。

口才 2
　　医保固然省钱、划算，但是报销的比例是有限制的。到了该服用药品的时候，我们的身体已经出了明显的大问题。即使在金钱上能划算，但身体却受苦了。提前服用一些效果好、口碑好的保健品，对身体是非常必要的。

　　说明医保的局限，以此取得顾客认同；再寻机向顾客介绍保健品，这样使顾客更容易接受。

口才 3
　　医保只是一种保障，保障您在生病的时候能够用上药品，但是它不能保障人的健康，不能保障人不生病。年纪大了，容易患上老年病，所以保障健康的最好的方式就是提前预防。

　　为顾客中肯地分析医保保障的本质，从而让顾客在对比中感受到保健品的重要作用。

 **口才误区**

1. 保健品也不贵。
　　这种说法说服力差，尤其对那些经济实力较弱的顾客，难以起到说服其购买的作用。

2. 事后保障哪有提前预防效果好呢？
　　语言苍白、强硬，容易让顾客产生反感。

3. 要是得了大病、重病，医疗报销也于事无补。
　　这样说容易让顾客觉得销售人员的立场有问题，从而易引起不满，发生争执。

5.7 "保健品太贵了"

情景再现

顾客对一款保健品很满意。可当顾客问到价格时，销售人员的报价却让顾客无奈地摇摇头，说："保健品是不错，但是太贵了，我没钱买。"

情景分析

顾客对保健品各方面都很满意，但却因为价格太高而不愿购买，这可能是因为顾客在试探最低价格；也可能是因为保健品的价格超出了顾客的心理预期，顾客试图要求降价；或者是因为顾客的支付能力不足，购买受到了限制。

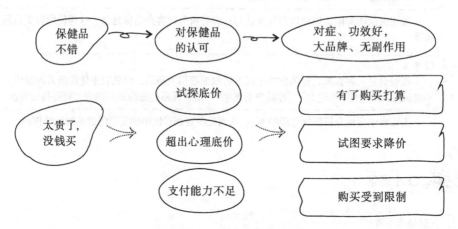

抓住情景重点：（1）放大保健品的优点，加深顾客的满意度。
（2）巧用价格平摊法、商品对比法、重复卖点法，打破顾客预算的限制。
（3）转移顾客的视线，另外推荐同质低价的保健品，从而赢得顾客的好感。

顾客认可保健品却因为价格原因而拒绝购买。销售人员要善用技巧，让顾客觉得保健品物超所值，就有可能消除顾客的购买障碍，使交易成功。

口才金句

口才 1

　　女士，您真专业，挑中了我们这里最合适的一款保健品。它的品牌是知名品牌，您看这是批准文号。这款保健品的质量、功效都有保证，虽然价格相对其他品牌贵了一点，但是这种保健品服用一周就能改善体质。考虑到服用周期和效果，这款是最划算的。

　　通过称赞顾客专业，借机向顾客渗透保健品的相关信息，放大其优点，加深顾客的满意度；对比该保健品与其他保健品的功效和周期，说明这款保健品的优势。

口才 2

　　虽然单看这款保健品的价格较高，但是同类型的保健品的价格都比这一款贵 100 多块呢？我们的保健品都是由行业内一流的企业生产的，质量比其他的保健品好，价格便宜。很多顾客多次购买。

　　对保健品的价格予以对比，让顾客对行业整体的价格有概况性的了解，突出此款保健品的优势；再表明其他顾客多次选购，说明性价比，促使顾客购买。

口才 3

　　和您交流了这么久，我们也了解到您的需求和偏好。您可以看一看这几款保健品，它们都能够预防因为劳累过度而导致的免疫机能的下降，效果都不错，价格也便宜。我给你拿个样品，您看一看。

　　体贴地为顾客考虑，委婉地推荐价格略低的同类保健品，只降价格不降功效，让顾客满意。

口才误区

1. 才 500 多块钱，这款保健品不贵。

　　这样的语气有贬低顾客的嫌疑，且语言缺乏说服力，难以促使顾客购买。

2. 这边的保健品比较便宜，您来这边看一看。

　　这样的话语过于消极，直接打击到了顾客的尊严，顾客会因此觉得特别没面子。

3. 这么好的保健品，虽然贵点，但也值得。

　　这个理由不充分，难以说服支付能力不足的顾客。

医药保健品销售人员超级口才训练

5.8 "不知道疗效如何，我再考虑一下"

情景再现

销售人员对保健品的厂商、成分、功效等做了详细介绍，但是顾客还是拿不定注意，说："你说得挺好，但不知道保健品的疗效如何，我再考虑一下。"

情景分析

在顾客选购保健品时，疗效被作为重点考虑的因素，它也经常成为顾客拒绝购买的原因。可能是顾客对保健品还不了解、不信任，也有可能是因为顾客自身的性格原因，致使其在购买保健品时特别谨慎。

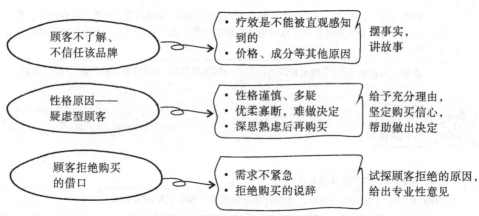

抓住情景重点：（1）摆明事实，证明保健品功效良好。
（2）强调保健品独特优势，给予顾客考虑空间，使轻松与有压力的购买氛围并存。
（3）适当给予购买刺激，消除顾客的购买借口。

顾客担心保健品功效，说明顾客对购买有一定的抗拒心理。销售人员只要能说明事实，证明保健品功效良好，同时给予顾客考虑空间和购买刺激，就能促进顾客购买。

 **口才金句**

口才 1

　　您的担心是有道理的，毕竟任何人都不希望买到没疗效的保健品。我们的保健品品牌是经营多年的老牌子了，每天都有很多顾客前来购买保健品，可能因为个人体质不同的原因，见效的速度有快有慢，但还没有听哪位顾客说使用后完全没有效果。

　　认同顾客的担忧，用体质不同从而导致见效有快慢这一说法来向顾客展示疗效的客观性，消除顾客的不信任感。

口才 2

　　我们的保健品通过了质量认证，又经过多年临床验证。不瞒您说，您拿的那款保健品的顾客回头率是最高的，功效方面您尽可以放心。当然，如果您想再考虑一下，我也尊重您的选择，只是这款保健品的销量很大，我担心您考虑好再购买时，保健品缺货了。

　　强调保健品的优势，给予顾客选择上的自由；同时告知顾客保健品销量大、销路好，给予顾客适当的购买压力，促使顾客做出决定。

口才 3

　　这个品牌是经营多年的老品牌，靠的是顾客的信任，对于保健品的疗效您尽可放心。这款保健品现在在做活动，八折优惠，每天的出货量是非常大的，您要是错过了就很可惜。您意向如何，我现在就给您包起来吧？

　　巧妙地利用促销折扣及库存量来营造紧俏的销售氛围，并趁机发出邀请信号，引导顾客购买。

 **口才误区**

1. 那您再考虑一下。

　　这种消极的表达方式没有做任何争取和挽留，药店因此容易流失顾客。

2. 我们的保健品有很多人在服用。

　　这种说辞可信度低，说服力不足。

3. 您放心，我们保健品的功效是十分好的。

　　这样说话太绝对、太随意，难以取得顾客的信任。

医药保健品销售人员超级口才训练

5.9 "我回去和老伴商量一下"

情景再现

一位老年顾客在店里看中了一款保健品，销售员热情地询问是否需要开单购买时，顾客却说要回去和老伴商量一下再决定。

情景分析

顾客相中了某款保健品，却说要回家和老伴商量一下再决定是否购买，说明顾客不着急购买保健品，或者是自己做不了主，需要回家征得家人的同意。

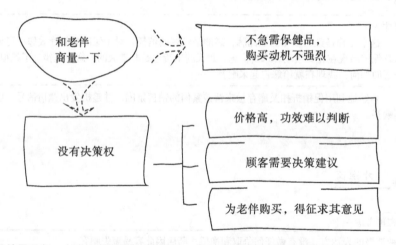

抓住情景重点：（1）巧妙地施加购买压力，给予购买刺激，做到"话半功倍"。
（2）站在顾客角度，突出实用的特点，帮助顾客决策。
（3）强调惊喜更让人感动，以购买展现出的关心、关爱以及带来的惊喜劝说顾客购买。

销售人员面对这种不着急购买，想要回去与老伴商量的顾客时，如果能够适当地施加压力，增强购买刺激，就可以帮助顾客下定决心即刻购买。

口才金句

口才 1

女士，您别犹豫了。我们的保健品促销活动即将结束，原价比现在的价格贵 200 多，现在买很划算。您很有眼光，这款保健品的疗效特别好，我相信您老伴肯定也希望您身体健康，您买回去服用，他肯定也喜欢。

以促销活动即将结束为理由，给顾客施加购买压力，用活动前后的价格对比刺激顾客，让其及时决策。

口才 2

现在这个季节是慢性咽炎的高发期，像您老伴这样的易发人群就更应该注重保养，避免症状反复发作。这款保健品对于这种症状特别管用，尽早服用保健品，就可以尽早预防。

根据保健品的功效，说明保健品的急需性，转变顾客不着急买的观念，促使顾客做出购买决定。

口才 3

您为老伴购买保健品，与他商量是没错，但那样就没有惊喜了。您说呢？您购买保健品送给老伴，这是一份惊喜。他肯定能感受到您的用心和关心，会非常高兴的。

先肯定顾客想与老伴商量的想法，再通过个人观点指出不足，突出给老伴惊喜更能显示关心和用心，促使顾客购买。

口才误区

1. 买款保健品，您还做不了主吗？

这种话语中含有轻视的意思，容易让顾客感到尴尬，引发矛盾。

2. 这款保健品很好，您就别犹豫了。

这样一味地鼓动顾客购买，催促意味明显，容易让顾客排斥。

3. 很多人都选购这款保健品，相信您爱人也会喜欢。

这种说法说服力差，顾客会想：别人喜欢怎么就能代表我爱人也喜欢呢？

第 5 章 尽心稳客，解决异议

5.10 "我要是买贵了，你们要赔我差价"

情景再现

顾客拿着销售人员推荐的保健品仔细查看，并询问报价，顾客满脸顾虑地说："我要是买贵了，你们要赔我差价。"

情景分析

顾客担心买贵了，要求销售人员承诺在顾客买贵了时补偿差价。这种顾客多为经济型顾客，对购买存在着一种预期的亏损心理，害怕自己会买亏，试图通过提前说明差价问题来使自己免于承担亏损。

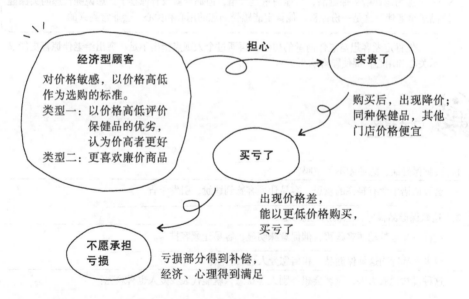

抓住情景重点： （1）强调定价稳定，说明药店注重长远利益，这类情况不会轻易发生。
（2）凸显公平竞争，既不打价格战，也不会胡乱降价。
（3）告知七天保价策略，消除顾客的购买顾虑。

顾客担心买贵了而要求赔偿差价，这说明顾客对价格还存在一定顾虑。销售人员要从定价策略、竞争策略、保价策略出发，详细说明这种情况不会轻易发生。

 **口才金句**

口才 1

　　我们的品牌是大品牌，保健品的定价是从长远利益的角度予以考虑的。全国100多家连锁店，价格都是一致的，不会随意改变价格，否则，不但会让顾客蒙受损失，也会让顾客丧失对我们的信任。您放心，我们的价格是统一的，绝不会贸然降价。

　　告知顾客保健品的定价是从长远利益出发的，药店不会随意改变价格从而让顾客蒙受损失，让顾客安心购买。

口才 2

　　我理解您的想法，现在保健品的终端销售竞争激烈，很多商家难免会在价格上进行竞争，市场上同种保健品在价格上略有差异是正常的。我们一直坚持诚信经营的理念，不会刻意抬高或降低价格，而是基本保持与市场基准价的平衡，您可以放心购买。

　　凸显竞争策略的合理，表明既不会比别家贵，让顾客吃亏，也不会轻易降价，打价格战，给顾客良好的购买氛围，从而达到安抚顾客的效果。

口才 3

　　由于市场推广策略的整体调整，确实会出现降价，导致您觉得自己买贵了，但您不必担心，我们公司也考虑到了顾客的利益，制定了七天保价策略，在保健品购买七天内如果因为公司原因调整价格让顾客蒙受损失，是可以弥补差价的。

　　诚恳地表示顾客担忧的正确性，适时提出公司的七天保价策略，消除顾客购买的顾虑，引导顾客购买。

 **口才误区**

1. 您真会开玩笑，怎么可能补差价？

　　这种说法是对顾客的直接否定，容易挫伤顾客的购买热情。

2. 那照您这么说，我们涨价也可以要求您补款？

　　直接强硬地反驳顾客，让顾客很尴尬，容易流失顾客。

3. 您放心，绝不可能买贵了，我们这是最便宜的。

　　这种说法过于绝对，"绝对""肯定""最"等词语容易让顾客觉得可信度低，难以说服顾客。

第5章　尽心稳客，解决异议

5.11 "你们店的药品不全，价格还比别家贵"

情景再现

顾客慢慢地浏览药品，销售人员热情地上前为顾客介绍，顾客却冷冷地说："你们药店的药品不全呀，药品价格也比别家贵。"

情景分析

顾客抱怨药品种类不齐全以及药品价格高，这说明顾客对市场行情有一定的了解，这有可能是顾客的真实想法，也可能是顾客用来给销售人员施加压力，要求降价的手段。

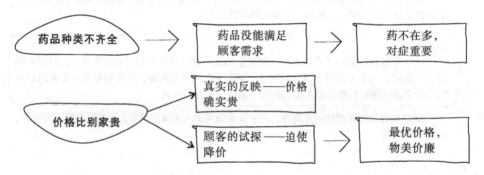

抓住情景重点：（1）说明药品对症，突出"药不在多，重在对症"，消除顾客的顾虑。
（2）对比药品的差异，说明药品"一分钱一分货"，价格高得合理。
（3）突出物超所值，如若顾客不认同，可另外推荐。

　　面对抱怨药品种类不齐全，价格贵的顾客，销售人员首先要消除顾客对药品种类不齐全的异议，避免顾客以此来要求降价；其次，再通过对药品的厂商、功效、疗程等多方面的对比，消除顾客对药品价格的不满。

口才金句

口才 1

您要购买的是治疗心血管方面疾病的药品吧？这款药品正适合您。它对于清除血管壁代谢垃圾，促进血液循环的效果特别好，并且可以有效避免血管因为垃圾增多而加速老化，您看看药品说明。

"药不在多，重在对症。"不直接回答顾客的提问，而是推荐最符合顾客症状的药品，并向顾客说明药品的高匹配度和适合度，改变顾客的观念。

口才 2

咱们有句老话叫"一分钱一分货"，我们的药品虽然比市场上的同类药品贵，但是药品的生产厂家和药物成分都是不一样的。一款药品便宜，疗效却不好，甚至还有可能是假冒伪劣的，购买到这种产品也是一种损失。

先坦诚地承认药品的价格贵，再说明"一分钱一分货"，药品价格贵有其原因；再从反面说明虽然药品价格便宜，但是质量无法保障，将两者作对比，顾客自然会选择前者。

口才 3

虽然市场上有很多款治疗这种症状的中药，但是我们的这款药品是中成药，可直接服用，而且贮藏方便，服用量更标准化。这些优势省去了煮药、熬药等麻烦，我们为这些方便多支付一两块钱，也是值得的。您说呢？

突出药品区别于同类药品的优势，强调这些优点可以为顾客带来更多的方便和实惠，让顾客心甘情愿地买单。

口才误区

1. 我们药店的药品很全。

这样的表达不到位，没有说服力，无法打动顾客。

2. 我觉得药品很便宜。

这种说法主观性太强，而且与顾客观点相斥，又没有足够的理由对自己的观点予以证明，因此难以劝服顾客。

3. 不久前我刚去别的药店进行过比较，我们的价格都是最便宜的。

销售人员直接反驳顾客的言辞会让顾客尴尬，顾客会因此对销售人员产生排斥感，并抵触购买。

5.12 "这药还要冷藏存放，太麻烦了"

情景再现

顾客想买一款药品，可是看到说明书上写着冷藏存放时，不由地皱起了眉头："这药还要冷藏存放，太麻烦了。"

情景分析

顾客抱怨药品的贮藏方式麻烦，说明顾客存在购买的想法，并考虑到了购买后的贮藏问题，但其并不了解药品冷藏的方法、必要性以及冷藏不当的危害。

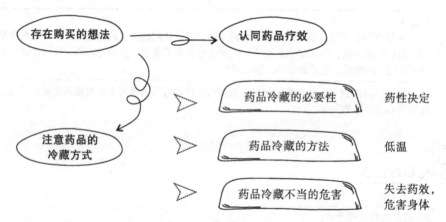

抓住情景重点：（1）首先点明药品对症是关键，再说药品冷藏的必要性，使顾客易于接受。
（2）明确特殊药品不冷藏保存的危害，从反面消除顾客对于冷藏的异议。
（3）告知顾客冷藏的方法很简单。

面对不了解需冷藏的药品的顾客，销售人员要追根溯源，让顾客从根本上认识到冷藏的必要性，从而消除顾客怕麻烦的心理。

口才金句

口才1

　　女士，给您推荐的这款搽剂是十分适合您的症状的。您之前一直在使用这种搽剂，那您应该也了解，这种搽剂里面含有挥发性物质，使用后一定要拧紧瓶盖，并冷藏在冰箱中，只有这样保存，才不会影响药效。我们都希望药品能保持其疗效，这样下次使用也更安心。

　　直接表明药品对症，再说明药品需要进行特殊保存，并告知顾客冷藏保存的重要性，为了保持药品的疗效，顾客自然愿意接受。

口才2

　　很多顾客看到冷藏时都觉得麻烦，其实方法很简单，只是需给予药品一个2℃~8℃的低温环境，就像往冰箱里放一棵菜一样，你只需将药品用袋子装好，放进去，这样就可以使它保持长期的有效性。

　　用类比的方式说明冷藏药品其实是简单有效的事，并没有那么复杂。

口才3

　　尤其在夏天这种季节，药品内的化学反应速度会随着温度的升高而加快。温度上升10度，药品内的化学反应速度就会加快2~4倍。这一类药品如果不加以冷藏，药品中的活性物质很容易因为高温而被破坏，造成药品的药效降低，甚至变质，服用此药会对身体产生不良危害。因此这样的药品才会规定必须予以冷藏保存。

　　以科学的数据说明顾客不冷藏药品可能带来的危害，使说服力更强。

口才误区

1. 怎么会麻烦，方法挺简单的，一点都不麻烦。

　　这种过于苍白的表达方式，难以引起顾客的共鸣。

2. 说明书上注明要求冷藏，按照说明予以冷藏就可以，这种药品都需要冷藏。

　　这种说话方式太过于敷衍，不能消除顾客怕麻烦的心理。

3. 那您看一看别的药品，可能有不用这么麻烦的药品。

　　沟通方式消极、不专业，放弃了说服顾客，且默认了顾客的观点，会造成顾客的流失。

第5章　尽心稳客，解决异议

Chao ji kou cai xun lian

5.13 "中药疗程长，太麻烦"

情景再现

顾客进店后询问治疗某种病症的药品，销售人员拿出一款药品推荐给顾客，并做了详细介绍，顾客摇摇头说："我不要中药，中药疗程长，太麻烦。"

情景分析

一般的中药疗程长、见效慢，这让那些急于解除病痛的顾客不愿购买中药。

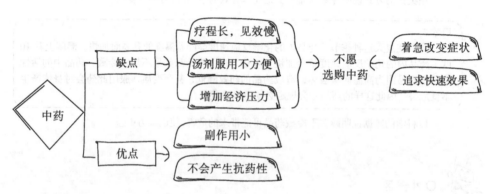

抓住情景重点：（1）客观说明"病去如抽丝"，暗示顾客不能急于求成。
（2）巧用中药的特点，强调整体调理的优势，说明疗程虽长但效果好。
（3）转移视线，突出中药的明显优势，吸引顾客。

当顾客因为中药疗程长而拒绝购买药品时，销售人员要转换顾客的理念，突出只有追求协同调养，才能彻底解除顾客的病症。

口才金句

口才 1

　　您肯定听说过一句老话"病去如抽丝"，任何一款药品都不能立刻就让身体痊愈。服用中药的好处您也了解，同时我们也考虑到了顾客服药的便利性，所以，您可以试试我们这类中成药，或者选好药材，我们可以代客煎药，这样您就方便多了。

　　科学地说明治病不能急于求成，同时用中药店的针对性服务打动顾客，解决异议。

口才 2

　　中药讲究辨证论治，全身协同调养，从而达到治本的目的。虽然您这样的慢性病，治疗疗程很长，但是服用中药，不会对人体产生不良影响。您可以先服用一个疗程试一试，您说呢？

　　强调中药的协同调养，对于治疗疗程本身就很长的慢性病，中药的优势就凸显出来了。

口才 3

　　由于中药强调药食同源的原理，从配方的制定到药材的选择，都非常注重健康问题，因此您不必担心副作用的问题。而且您看，随着医药科技与国际的接轨，一些中药也逐渐具备了救急、速效的优势，疗程也在相应缩短，效价比越来越高，您再考虑一下。

　　以专业的知识说服顾客，并且提出中药的研制与开发技术也在进步，突出优质效价比，坚定顾客购买的信心。

口才误区

1. 中药的疗程不长。

　　这种随意的表达方式，无法改变顾客认为中药麻烦的观念。

2. 西药见效快，但是副作用大。

　　这种说法直接将两者对立，是不可取的，如果顾客极为偏好西药，会对销售人员的介绍产生抵触情绪。

3. 哦，我们也有西药，那你看看那边的西药好了。

　　这样不专业的话语，不能给顾客专业、合理的建议，容易流失顾客。

第 5 章　尽心稳客，解决异议

5.14 "西药副作用大"

情景再现

顾客和销售人员描述了症状后，销售人员为顾客推荐了药品，顾客拿着药品包装看了看说："这是西药吗？我不想要，西药副作用太大了，对身体也不好。"

情景分析

由于长期的用药认知，西药已经被习惯性地贴上了副作用大的标签，这成了部分顾客在选择药品时的购买障碍。当提及西药时，顾客会不由自主地担心副作用对身体的伤害。

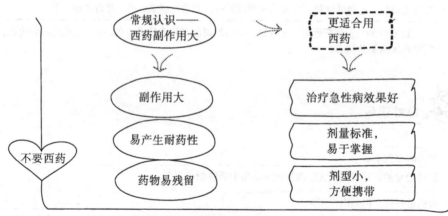

抓住情景重点：（1）告知顾客其病症西药能治疗。
（2）科学、辩证、全面地论证西药的优缺点。
（3）在顾客购买后要告知其具体服用的注意事项，以保证顾客安全用药。

当面对因为认为西药副作用大而拒绝购买的顾客时，销售人员要学会转移顾客的视线。对于适应顾客症状的西药，销售人员要突出西药的其他优势，吸引顾客购买。

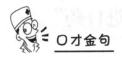

口才金句

口才 1

西药就是快速起效，尤其像您这样的牙疼症状，服用一次症状就可以得到缓解，所以您没必要担心副作用的问题。

从西药能治急症的特点入手，加大顾客的购买概率。

口才 2

虽然对于长期服用西药的顾客，可能会有一定的副作用，但是根据您刚才说的病况，病情应该还是处在初期阶段，且症状轻微，正常情况下服用几天就能好，不用担心长期服用引起抗药性或是药物残留等问题。

辩证地说明西药的副作用，是建立在长期服用的基础上的；再从专业的角度具体分析顾客的现状，让顾客彻底地消除顾虑。

口才 3

根据您的情况，我建议您服用西药，一方面西药见效快，能够快速减轻病痛，给您省去很多不必要的麻烦；另一方面西药剂型小，方便携带，剂量也更标准，服用非常方便。

诚恳地向顾客表达自己的建议，说明理由时要主次分明；依据顾客的职业特点，进行专业的推荐。

口才误区

1. 西药挺好的，我就喜欢西药。

   这种表达主观性太强。顾客并不一定喜欢销售人员的选择，这样容易让顾客产生排斥心理。

2. 不会的，怎么会有副作用呢？那厂家还生产这么多西药干什么。

   这样的表达方式质疑了顾客的观点，既会引起顾客的不满，又难以让顾客信服。

3. 什么药都有副作用，这很正常。

   这种过于随意的沟通方式，容易让顾客觉得这是销售人员在没有依据时，试图通过否定所有药品来进行的强行推荐。

5.15 "我不买国产药，我更信得过进口药"

情景再现

顾客听销售人员介绍完药品后，又仔细地翻看了药品说明书，指着说明书上的生产厂商说："这是国产药，我不敢买，我觉得进口药更值得信赖。"

情景分析

顾客选择了该款药品说明顾客存在对药品的需求，顾客之所以更信赖进口药，多半有以下三个方面的原因。

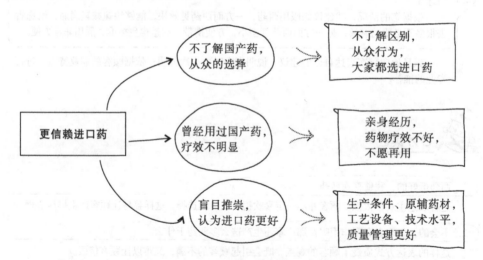

抓住情景重点： （1）有理有据地说明国产药品的优势，弱化顾客的从众心理。
（2）说明国产药品值得信赖，刺激顾客再次尝试。
（3）坦言国产药品的性价比更高，更值得选购。

面对更偏好进口药，对国产药存在质疑的顾客，销售人员的态度要公正，进行对比介绍要有理，凸显优势要有据，这样才能够让顾客信服。

口才金句

口才 1

很多顾客错误地认为进口药多是原研药，而国产药可能是仿制的。随着科技的发展，销售国产药品的厂商也越来越重视自行开发研制，而且其研发团队也不乏很多国外的专家，像您拿的这款药品就是国内厂商花费了五年时间研制的，其市场反馈很不错，很多专业的医生都推荐。

辩证地说明国产药技术和研发的进步，因此其质量是有保证的，并有理有据地弱化顾客的"从众"心理。

口才 2

虽然您用过一次国产药效果不太好，但是这不应该成为您选药的标准，选药品还是要看是否对症。我们店的国产药都是符合药监局颁布的药品质量检测标准的，疗效有保证，而且价格相对更便宜。从性价比的角度来看，这款药品很不错。

破除顾客对国产药的固有印象，利用国产药的性价比优势，吸引顾客选购。

口才 3

您相信进口药，我给您拿一款同类型的进口药，您比较一下。除了价格以及厂商的差别之外，它们的成分、主治功能、服用方式乃至贮藏方式，大致是一样的。

通过对同类型的国产药与进口药对比，反衬国产药的优势，促使顾客坚定购买的信心，如果顾客更偏好进口药，也要尊重顾客的选择，增加成交的可能性。

口才误区

1. 这款国产药很好，而且还便宜。

这种表述空洞、无力，会让顾客觉得没有说服力，感觉自己受到了轻视。

2. 我们应该支持国产药。

这种语言是对顾客的攻击，容易激化矛盾，引发争执。

3. 进口药也不见得都好，网上不是也曝光过进口药出现问题吗？

这种负面的表达方式，难以取得顾客的认同，并且会让顾客产生逆反心理，使得顾客想：国产药就没问题吗？

医药保健品销售人员超级口才训练

5.16 "你们卖的中药材是真的吗"

情景再现

顾客进店想要购买中药材，销售人员仔细询问需求后进行了推荐介绍，顾客问道："你们卖的中药材都是从哪里进的货啊，是真的吗？"

情景分析

由于市场上确实存在中药材造假的现象，且顾客又不具备专业知识，对药材的真假难以做出准确的判断，因此顾客在选购时时常对此抱有怀疑的态度。

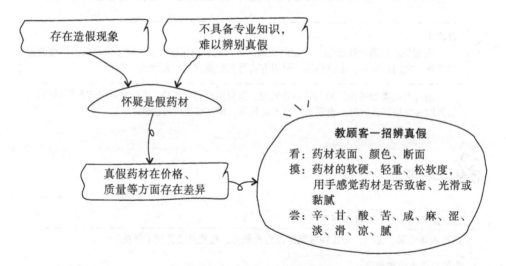

抓住情景重点：（1）转变顾客的观念，说明购药不能一概而论，指明本店药材的质量信得过。
（2）突出药店是正规经营，老字号、口碑好，质量信得过的药店。
（3）通过看、摸、尝教顾客如何辨别药材真假。

面对顾客对中药材真假的质疑，销售人员先要给予顾客购买的信心，再教给顾客简单地辨别真假中药材的方法，让顾客亲自辨别，消除内心的顾虑。

 **口才金句**

口才 1

　　我理解您的顾虑，虽然现在市场的中药材良莠不齐，但是我们也不能一概而论。我们经营中药材已经十几年了，药材来源正规，下单、进货、上架销售等流程都对药材进行了严格检验，绝不会让那些假的或劣质的药材出现在我们的货架上。这点您可以放心。

　　先理解顾客的顾虑，再从药店信誉、进货渠道、进货流程等环节提升顾客的信任度。

口才 2

　　如果这些药材是假的，我们药店老字号的招牌就毁了，这样损人不利己的事情，我们药店不会做的，您可以放心。我们药店从不打广告，是靠老百姓的口碑长期经营下来的，那些假药材不可能从我们这里流入顾客手中。

　　从药店的历史和文化角度，给顾客吃下定心丸，说明老字号是金字招牌，不会卖假的中药材。

口才 3

　　听您的说法就知道您是个内行人，在中药材市场上，的确有一些不法厂商以另一种廉价药材来冒充这种药材。不过真药材尝起来带有一股特别的××味道，而假药材没有。您可以用舌尖稍稍尝尝，感觉一下，这绝对是真的，错不了。

　　赞美顾客内行，用对比的方式，帮助客户辨认药材的真假。

 **口才误区**

1. 我们的药材当然是真的，您不用怀疑。

　　这种表达方式过于含糊，不能从根本上说服顾客。

2. 您放心，这中药材假不了。

　　这种说法没有说服力。顾客明显对中药材真假存在质疑。这样的说辞不能消除顾客顾虑从而解决问题。

3. 您懂得怎么辨别真假吗？这种药材内行人一看就知道是真的。

　　这种语气质疑性强，有轻视顾客外行的意思，容易引发顾客的不满。

5.17 "你们药店怎么没有优惠活动"

情景再现

顾客走进自选药店，浏览货架上的药品，问："一般药店在国庆节都有优惠促销活动，你们这怎么没有？"

情景分析

顾客对药店没有促销活动提出质疑时，说明顾客在认可药品功效的前提下，会优先考虑自己的既得利益。这表明顾客已将促销活动当成了决定购买的一项因素。

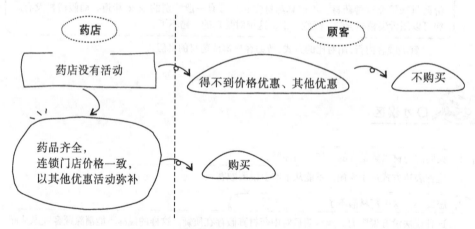

抓住情景重点：（1）主动为顾客解释原因。

（2）打破顾客认为促销优惠的观念，说明积分比促销更实在。

（3）树立正确的消费观念，突出药品价值，淡化价格。

当顾客对药店没有促销活动提出质疑时，销售人员要主动地解释原因，并进行价格比较，凸显药品的价值，淡化顾客对药品价格的重视。

口才金句

口才 1

老先生，我们药店是实价药店，您应该也发现了我们药品的价格并不比那些药品优惠后的价格高。我们不是不进行促销，而是天天都在促销，我们药品的价格从来不含水分，保证让老百姓买到实惠，买得实在。

强调药店的经营特色，评价药店内药品的价格实在，不需要进行促销。

口才 2

一般做促销的药品都毛利较高，品种单一，看似优惠幅度不小，实则您可能享受不到优惠。相反，我们药店虽然不做促销活动，但是药品种类齐全，即使您买眼药水，药品价格也会折算成积分。每年年底可以用积分换礼品，这样计算下来，您实得的优惠不会比您参加他们的促销活动少。

借助促销药品的类型，说明促销优惠并非人人都能享受；巧用积分兑换礼品的活动，体现优势。

口才 3

药品不像其他物品，重在功效。如果药品不对症或是质量不好，即使它再便宜，我们也不会选购。这款药品对症，虽然价格比促销价格贵四五块钱，但是您买得安心，这样看来是非常划算的。

转移顾客的视线，将其目光从价格拉回到价值，突出药品的性价比。在价格相差不大时，顾客更在乎买得放心，自然会选择合适的。

口才误区

1. 即使不促销，我们的价格也不贵。

这种表达方式不专业，没有足够的理由说服顾客。

2. 一分钱一分货，促销的药品都不好。

这样的说话方式是在诋毁竞争对手，容易引起顾客反感。

3. 促销都是公司统一安排的，没有促销我也没办法。

用这种敷衍的语气与顾客进行沟通，容易让顾客觉得这是销售人员在将责任推卸给公司，敷衍自己。

第 5 章　尽心稳客，解决异议

5.18 "这款保健品要是没效果，我要来退款"

情景再现

顾客细心地挑选了一款保健品，销售人员热情地为顾客开单，顾客拿着单据对销售人员说："你说这款保健品效果好，要是我服用后没效果，我可来退款啊！"

情景分析

"没效果，就退款"这是顾客在购买保健品时经常说的话，顾客之所以在即将成交时习惯性地说这一句，主要有以下三个方面的原因。

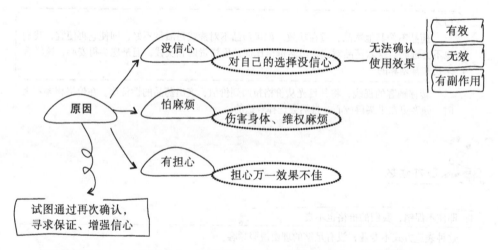

抓住情景重点：（1）重述卖点，运用想象的方式，设想服用效果，增加顾客的信心。

（2）强调因人而异：虽然不能保证完全效果，但后续的处理办法完善，让顾客安心。

（3）温馨地提示顾客妥善保管购买单据，后续的服务使顾客暖心。

顾客在购买前说无效来退款，只是想寻求一个保证，以此增强购买的信心。

销售人员这时要详细地重述卖点，并做好提示，增加顾客的信心，让顾客安心。

口才金句

口才 1

这款是专门针对中年人研发的，对于改善营养结构，增强免疫力的效果很好，购买的回头客特别多。您就放心地服用。相信下次见到您时，您一定是精神焕发、容光满面的。

再次向顾客阐述卖点，增强顾客对保健品优势的记忆，有理有据地说服顾客，增强其购买的信心。

口才 2

虽然没有一款保健品能适合所有人，但您选的这款是同类保健品中效果较好的，如果您能配以适当的有氧运动，服用效果会更好。万一您服用后没有效果，您可以直接来店里，我们有严格的退款规定，一定处理的让您满意。

先说明效果因人而异，态度要坦诚，给印象加分；再强调产品的效果，告知增强效果的妙招，加深顾客的好感；最后用严格的退款规定向顾客证明药店经营规范，让顾客放心。

口才 3

市场上常说无效退款，但是对于"无效"却没有一个明确的显效标准。我们是正规药店，保健品的效果是经过多年验证的。近三年来，我们针对药物的适应人群以及不同体质吸收的效果都做了划分。这款保健品不会无效的，如果您真的服用无效，可以来找我们，我们会为您诊断出原因。

对显效标准做出明确划分，体现药店的专业性和敢于负责的态度；免费为顾客诊断"无效"的原因，让服务增值，更让顾客倍增好感和信心。

口才误区

1. 您就放心购买，不用担心这些，很多顾客用了都说效果好。

太急切地催促顾客，会加深顾客的质疑。保健品效果因人而异，用其他顾客的使用效果难以说服顾客。

2. 要是所有人都像您这样担心，我们还怎么卖药。

这种不礼貌的表达方式，含有强烈的抱怨语气，容易引起顾客的不满。

3. 每个人的服用效果都不同，效果我可不敢保证。

这种不负责任的说法，容易给顾客留下不负责任的印象，增加顾客的质疑。

5.19 "我不放心在小药店买药"

顾客进到药店浏览柜台里的商品，找销售人员了解药店信息。销售人员介绍完后，顾客迟疑地说："你们药店不是连锁的，小药店，我不放心。"

顾客青睐连锁药店，而不愿在小药店购买，主要是因为顾客认为连锁药店规模大，经营更规范，药品更有保障，而小药店则不具备这方面的优势。

连锁药店	规模大 药品全 资质全 经营规范	质量可靠 管理规范 服务周到 价格规范	放心药店
小药店	零差价 价格便宜 价格规范	全天候 服务便利 个性服务 珍惜客源	放心购买

抓住情景重点：（1）单体药店虽然小却有发展的机会，更需依靠顾客口碑。
（2）表明产品价格以市场价格为导向，凸显定价规范。
（3）药店具备正规的资质，药品自然正规。

很多顾客买药时都更偏好大型连锁药店，而不会选择单体药店，因此销售人员要突出单体药店的诚意，不断地改进和完善服务，再施以优惠，从而获取顾客的认可。

 **口才金句**

口才 1
虽然我们是单体药店，但这并不影响我们药品的质量。我们在本市开药店已经十多年了，是靠老百姓的口碑经营下来的。你看我们墙上这些锦旗，有几面是"本市医药企业样板药店"的奖励。群众的眼睛是雪亮的，您就放心吧！

直接说明药品的质量不会因为药店是单体药店而降低，再用实实在在的荣誉称号、质量认证等证明品牌好，并有理有据地说服顾客。

口才 2
我理解您的担心，您看我们墙上贴着的药品管理制度，这上面对药品的定价做出了详细规定，如果药品价格不合理，药店必然会受到惩处，情节严重的还会被要求停业整顿或是被吊销营业执照。如果您仍然不放心，不妨到其他药店比较一下，看一看我们的价格是不是公平合理。

以药品管理制度以及惩处规则来说明定价有依据，不会胡乱要价；坦荡大方地让顾客去其他药店比较，这样反而让顾客信服。

口才 3
在很多顾客的印象里，单体药店的服务不如连锁药店，情况恰恰相反，我们药店就正在向服务型药店转变。药店现在有专业的药学咨询，能够送药上门、代客煎药，还创立了"药历"，用于详细记录顾客的用药情况，我们的服务是非常完善的。

先指出顾客的惯性思维，达到转变顾客观念的效果；再向顾客详细介绍药店转变为服务性药店的具体变化，以此吸引顾客。

 **口才误区**

1. 小药店怎么了？不比连锁的差。
这种言辞不满情绪强烈，又没有充分的证据对自己的说法予以证明，如此难以改变顾客"根深蒂固"的观念。

2. 那您怎么不直接去连锁药店。
这种不礼貌的说话方式，容易让顾客感受到销售人员的不满和质疑，而引发矛盾。

3. 买个普通的感冒药，连锁药店和单体药店能有多大差别？
表达方式语气生硬，直白地点出购买普通药不必在乎药店规模，让顾客觉得尴尬。

第6章 诚心留客，善待顾客

6.1 如何接待点名买药的顾客

情景再现

一位顾客急匆匆地走进药店，对柜台里的销售人员说："我要买一盒××厂家生产的感冒药。"

情景分析

顾客点名购买某款药品，说明可能是顾客认可该药品的厂家和品牌，或者是顾客长期服用该药品，认可该药品的药效。

抓住情景重点： （1）快速地为顾客取药，简略询问症状。
（2）根据药品的特性，提醒顾客服用药品的用量。
（3）不要随便推荐其他药品，以免引起顾客的反感。

消费者买药时的自主性很强。调查表明，近八成消费者去药店之前都明确了解所购买药品的具体品牌，因此当顾客点名买药时，销售人员在询问症状的基础上，只需简明扼要地提醒顾客药品的用法即可。

口才金句

口才 1
　　您所说的药品是治疗咽炎的。我们这里有冲剂、药片、口服液几种不同服用形式的，不知道您更习惯哪一种。我这就为您拿来。

　　销售人员直接将顾客点名的药品拿给顾客，通过询问惯用的服用方式，让顾客选择适合的药品。

口才 2
　　您说的这个厂家的药品是我们这里卖的最好的，很多回头客都说这个厂家的药品效果显著，您想购买哪种药效的药品，我马上拿给您。

　　顾客点名购买某厂家的药物时，销售人员在询问具体的功效后，为顾客服务。

口才 3
　　您说的这款药品共有两种规格，一种是小袋包装的，每袋 20 片；一种是盒装的，每盒 40 片。您想买哪种？

　　将药品的不同包装规格介绍给顾客，让顾客选择，以完成交易。

口才误区

1. 抱歉，我们这里没有您说的这种药品。

　　这种说法不专业。销售人员不应该拒绝完就不再介绍了，可以推荐其他同药效的药品。

2. 喜欢您就多买点。

　　这种说法不礼貌。药品不是食品，这样会让顾客听起来不舒服。

3. 您买这个牌子的药品吧，它的治疗效果更好。

　　说话方式不对，不应该唐突地否定顾客所要的品牌，应当适当地加以铺垫。

4. 我们不卖这种药，你去医院看一看。

　　对于自己药店提供不了的药品，要详细地为顾客说明原因，树立良好、贴心的服务形象。

第 6 章　诚心留客，善待顾客

Chao ji kou cai xun lian

6.2 如何接待目的不明确的顾客

情景再现

顾客走进店内，在保健品柜台前慢慢地浏览。销售人员为其推荐了几款保健品，顾客摇摇头说："我随便看一看，还没决定买哪种。"

情景分析

顾客目的不明确，可能是保健品种类太多，顾客一时拿不定主意，不知道哪种保健品适合自己；也有可能是顾客为他人购买，担心选不到合适的，而犹豫不决。

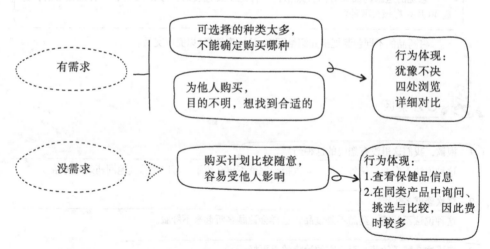

抓住情景重点： （1）多问细听：细化顾客需求。
（2）针对性推荐：介绍保健品的信息，增强其与需求的匹配度。
（3）注意介绍重点：在顾客需求未明确之前，尽量少提及价格问题。

对于目的不明确的顾客，销售人员要帮助顾客明确需求，再针对性荐药，切勿盲目介绍，从而引起顾客反感。

口才金句

口才 1

先生，您想选择什么样的保健品？您对品牌和厂商有特殊要求吗？我们的保健品种类特别多，您有什么要求不妨告诉我，我为您推荐几款适合的，您也能有个对比。

多问细听，对顾客提出选择性的问题，让顾客主动地说出需求，为顾客推荐。

口才 2

就像要持续地给身体充电一样，老年人需要不断地补充营养。给父母选购营养品，这款是较好的选择。它是由国内多名医疗专家采用最新的配方研制而成的，能有效补充身体所需的多种微量元素，相信您父母服用后身体会更好。

运用比喻手法，突出保健品的亮点，帮助顾客做决定；设想服用效果，牵动顾客的购买欲望。

口才 3

女士，我们店里的保健品特别齐全，针对儿童的、青年人的、老年人的都有，而且都是大品牌，有很多明星为它代言，电视上天天播放的广告，您肯定也听过。您想自己服用还是为别人购买，我给您详细地介绍一下。

对于随意看一看的顾客，尽可能用亲近、平和的语气向其传达保健品信息，增加顾客购买的随机因素；同时，要随时关注顾客的情绪，切勿引起顾客的反感。

口才误区

1. 这些保健品都不错，您是要买这一款，还是买那一款呢？

将众多选择同时推给顾客，会增加顾客选购困扰，降低销售概率。

2. 您不知道选什么类型的保健品，我怎么为您推荐。

使用这样略含抱怨语气的话，会引起顾客的不满，从而使顾客放弃购买。

3. 您没想好买哪款吗？要不就买做活动的这款，这款价格便宜，您先试一试。

这种说法不专业。在没有明确顾客需求的情况下，以价格吸引顾客，容易引起顾客的不快。

4. 您没有明确目标啊，那您先随便看一看，选好了叫我。

这样的说法会让顾客感觉被忽略和轻视。

6.3 如何接待前来询问的顾客

情景再现

顾客找到销售人员，询问之前购买的保健品的具体服用方式和注意禁忌。销售人员认真地为其解答，最后询问顾客看上哪一款保健品时，顾客却说："我之前买过，这次不买，就是咨询一下。"

情景分析

顾客可能是之前购买了保健品，恰巧过来咨询信息，或者是想先了解保健品，前来询问有关保健品的信息。顾客目前没购买计划，不代表将来不会购买。

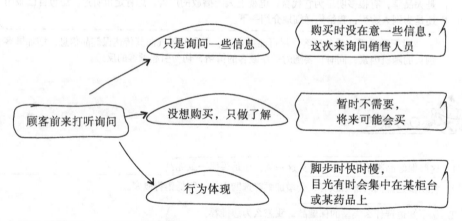

抓住情景重点：（1）介绍要全面，态度要热情，回答要具体详尽。
（2）站在顾客的立场，尽量为顾客留下好印象。
（3）做好本职工作，完善服务。

顾客打听、询问并不代表顾客不需要保健品。销售人员要善于抓住每一次机会，耐心完善地回答顾客的咨询，并在过程中挖掘顾客的潜在需求。

口才金句

口才 1
　　女士，现在关心身体健康的人越来越多，保健品也几乎成了保养的必需品。您有什么要咨询的，可以问我，我很愿意为您解答。

　　告知顾客，无论是否购买，销售人员都会尽心服务；消除顾客的紧张感，树立店面的形象。

口才 2
　　女士，原来您对这方面存在疑惑，这种保健品在服用上没有特别的禁忌，您只要按照说明书上的服用方式服用就没问题，但是药品需要放在冰箱中冷藏保存，不然很容易变质而影响药效。这点需要您额外注意下。

　　顾客打听保健品的服用禁忌时，销售人员回答要详尽，并针对本款产品额外的注意事项，重点提醒顾客，让顾客满意。

口才 3
　　女士，骨质疏松有很多症状，其中最典型的就是腰背痛，这种疼痛是沿脊柱向两侧扩散的。如果您久立、久坐甚至弯腰以及肌肉用力时疼痛都会加剧，那基本就是骨质疏松的表现了。

　　销售人员说话要全面，争取能够涵盖顾客的需求，与顾客产生共鸣，达到使交易成交的目的。

口才误区

1. 先生，您咨询了这么长时间，应该对我们的保健品有了具体了解，您想买哪一款？
　　这种说法太急切，有催促顾客的意思，这样会招致顾客的反感。

2. 你不用再犹豫买或不买，如果您买一款保健品，我就免费送您一盒养生茶。
　　这种说法不礼貌，有嫌弃顾客耽误时间的意思，销售人员更应该耐心为顾客消除疑惑。

3. 您买两盒试一试，如果您认为这款保健品没有效果，我免费为您调换。
　　这种说法太虚伪。依靠求助是不会有好结果的，反而会把顾客的地位抬得很高，不容易达成交易。

4. 我跟您说了半天，你也应该了解，这么好的东西不买就没了。
　　这种说法不科学，没有说服力，也不会让顾客动购买之心。

6.4　如何接待冲动购买的顾客

情景再现

　　门店促销，很多顾客来店选购保健品，其中有位顾客在销售人员简单地介绍完保健品优势后，果断地说："真是不错，我买三个疗程的。"

情景分析

　　冲动型的顾客在购买保健品的时候，没有明确需求，易受外界影响。如果保健品有优势，药店举办的优惠活动或是其他顾客的购买行为给了他们感官或是心理上的刺激，这类顾客就会冲动购买。

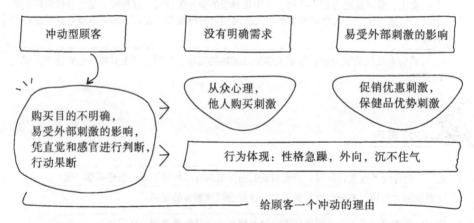

抓住情景重点：（1）挖掘顾客需求，抓住保健品优势，给顾客一个强有力的购买理由。
　　　　　　　（2）通过渲染保健品的优势，举办促销优惠活动或者营造畅销的氛围，给予顾客购买的刺激。
　　　　　　　（3）告知其有效期限，劝导其采购合理，避免浪费和退货的发生。

　　冲动购买的顾客容易受外界刺激影响，并且购买行为果断。销售人员在面对这类顾客时，要善于渲染优势、营造氛围，在给予顾客购买刺激的同时，也要客观地提醒顾客，做到周到、贴心。

口才金句

口才 1

先生，我们这款保健品以××为主要成分，是纯天然的，对于预防老年人的高血压、心脏病和糖尿病的疗效显著。您送这款保健品给父母，他们会为你的这份孝心感动。现在这款保健品在做活动，会员能享受半价的优惠，非常划算，您买几盒？

渲染保健品的优势，同时给予顾客优惠刺激，直接给顾客一个强有力的购买理由。

口才 2

这款保健品的最大特点就在于能够及时补充人体所需的元素，对于老年人补充钙质，预防骨质疏松效果很好。我们正在举办促销活动，很多顾客都来购买，并且都是回头客，这说明它的效果很好，今天机会难得，您买几盒吧？

介绍保健品的优势，利用顾客的从众心理，并以其他顾客的行为为购买刺激点，刺激顾客购买。

口才 3

您真有眼光，这款保健品正在做活动，现在购买的确是物超所值。提醒您注意一下，这种保健品的期限并不是太长，我建议您先购买三个疗程，不要一次性购买太多，避免服用不完而造成浪费，您说呢？

赞美顾客购买的同时，真诚提醒，并告知保健品的有效期，给出合理的采购意见，避免日后产生退货等不必要的纠纷。

口才误区

1. 您买吧，很多人都买的。

这种说法未合理运用顾客的从众心理，起不到刺激购买的作用。

2. 这种保健品正适合您，您买这种吧。

冲动购买的顾客大多没有明确目标，并且随机购买性强，销售人员的这种说法难以说服顾客。

3. 促销优惠，买的越多，优惠越多，先生，这么实惠，您不再多买点吗？

这种说法有"忽悠"顾客多买的嫌疑，没有给顾客客观、公正的提醒，易引发售后问题。

6.5 如何接待闲逛的顾客

情景再现

两位顾客交谈着走近保健品专柜，销售人员准备上前介绍产品，顾客也不回应，随意浏览了一圈保健品，准备离开。

情景分析

保健品店每天都会有很多顾客进进出出，其中不乏一些闲逛者。他们没有明确的需求，只是随意浏览，看见喜欢的就停下脚步了解；如果没有，就会转身离开。

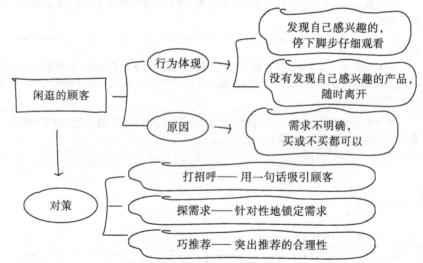

抓住情景重点：（1）打招呼：吸引顾客的注意，留住顾客。
（2）细致询问，耐心倾听，挖掘顾客的需求。
（3）以引导式的沟通方式进行介绍，突出推荐的合理性，引导顾客购买。

由于闲逛的顾客对保健品的需求不明确，因此销售人员要在吸引顾客、留住顾客的基础上，为顾客明确需求，以引导式的沟通方式，循序渐进，合理推荐，促使顾客购买保健品。

口才 1

女士，请留步。我们店新到了一批保健品，效果非常不错，我带您看一看，您买或不买都没关系，权当了解保健知识，要是您能给我提些意见，那就更好了。

先挽留顾客，对保健品稍加渲染；再以轻松的交流方式引导顾客展开话题，争取沟通的机会。

口才 2

张女士，您精神很好，服用我们保健品的效果一定不错。您今天想看下哪类的保健品？您有什么需要就直接跟我说，我们都是老朋友了，不用客气。

与顾客亲切交谈时，要着眼于顾客外在的精神与气质，以老朋友的身份询问其需求，减轻顾客购买的心理压力。

口才 3

老先生，您一定非常注重养生，能不能向我透露些您养生的秘诀呢？我们现在有很多纯天然原料加工的保健品，特别适合老年顾客，要是能配上一些养生运动，效果会更好。

利用顾客的心理特点，变"为顾客推荐"为"向顾客请教"，并抓住机会向顾客展示保健品。

口才误区

1. 反正闲着也是闲着，过来了解一下。

这种表达方式不得体，显得顾客无所事事，让顾客产生不好的印象。

2. 就耽误您半分钟，我给您推荐一下，您肯定喜欢。

强扭的瓜不甜。这种说法有强迫顾客购买保健品的含义，顾客反而会反其道而行之。

3. 您这么悠闲，过来看一看我们的保健品。

这种说法有一种讽刺的意思，让顾客听着不舒服，销售人员措辞应稍加注意。

4. 您在哪里逛都是逛，过来看一看我们这边的保健品。

这种表达方式没有吸引力，顾客完全可以拒绝。

6.6　如何接待爱聊天的顾客

情景再现

　　顾客进店后，并不着急跟销售人员说自己的需求，反而闲话家常，说自己年轻时的经历，询问今后该怎么保养。

情景分析

　　爱聊天的顾客多半性格开朗，善于交流，在购买时，更容易说出自己的需求和看法。爱聊天的顾客认为聊天不仅可以打发时间，还能显示出自己的专业度。

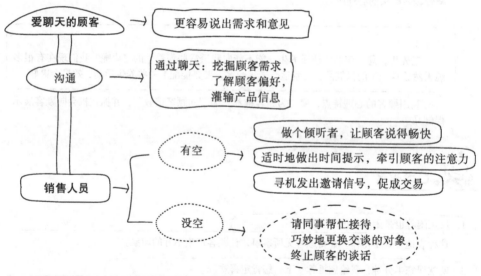

　　抓住情景重点：（1）耐心倾听，从聊天中挖掘顾客的需求，灌输产品的信息。
　　　　　　　　　　（2）把握时间，适时地提醒顾客，将顾客视线牵引回产品上来。
　　　　　　　　　　（3）请求同事的帮助，委婉地终止交谈。

　　爱聊天的顾客更易于表达出自己的需求和想法，一般来说这有利于销售人员的成功销售，但是也不免有些顾客滔滔不绝，谈论的话题却与购买完全无关。这时销售人员就要利用方法，巧妙地终止话题，让顾客的视线重新转移到产品上来。

口才金句

口才 1

女士，很久没见，您的气色变得更好了，看来您上次选购的保健品效果不错，您这次想看一看哪方面的保健品？您看店里人也不多，我们到休息区坐下好好地聊一聊。

着眼于店内的实际情况，如果顾客不多，可以将顾客带到休息区，让顾客畅所欲言，提升顾客的满意度。

口才 2

和您聊天很开心，时间过得真快，转眼就半个多小时了。对了，刚刚您说到想要 ×× 品牌的保健品，我这就给您拿一款过来，我们边看保健品边聊，请您稍等一会。

用轻松、愉快的方式提醒顾客注意时间，给顾客短暂的停顿期，顺理成章地将话题牵引回保健品上来。

口才 3

实在不好意思，我在三点预约了一位顾客，跟他讨论用药疗程的相关问题。他已经到了，我得先离开一会，希望您能理解。我让我的同事来跟您详细介绍一下我们的这款保健品，您看行吗？

向顾客说明合理的理由，同时请同事来帮忙接待，恰当地终止谈话，避免因为交谈时间过长而对顾客表现出不耐烦的情绪。

口才误区

1. 您继续说，我听您说。

不能给顾客消极的回应，这样会让顾客感到不满。

2. 店里顾客太多了，您等一会，我先去招呼下别的顾客。

这样的说话方式容易让顾客感受到自己被嫌弃，也会因此感到尴尬，从而排斥购买。

3. 您说的这些跟保健品好像也没有什么关系，咱们还是来说一说您选的这款保健品吧。

生硬地终止谈话，强行将话题拉回到保健品上来，这样的做法容易引起顾客的不满，难以起到吸引顾客购买的目的。

医药保健品销售人员超级口才训练

6.7 如何接待老年顾客

情景再现

一位老年顾客在老伴的搀扶下走进了药店，销售人员热情地迎了上去。

情景分析

老年人购买心理稳定，习惯于购买经常服用的药品或是保健品，不易受广告宣传的影响。对于新产品，多半持怀疑态度，只有在十分信任的人的推荐下才会考虑尝试。

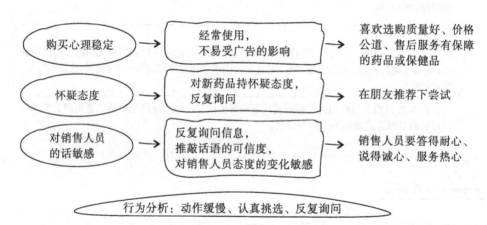

抓住情景重点：（1）时刻注意老年人的情绪变化，给予老人赞美和及时的帮助。

（2）多推荐老品牌、老字号、经济实惠的药品或是保健品，迎合老年人的购买习惯。

（3）保持热情的态度，礼貌送客出门，避免给顾客留下"买前买后，态度不一"的印象。

销售人员在接待老年顾客时，要谨记服务周到。在整个接待过程中，销售人员要站在老年人的角度考虑问题，同时要时刻注意他们的情绪变化，为老年顾客提供热心、耐心、诚心的服务。

口才金句

口才 1

老先生，我们刚刚拖过地，地面比较滑，我扶您一把。我们去休息区坐着聊，您要购买什么，我拿给您。

根据老年人的身体状况，适时地提供搀扶等帮助，邀请顾客到休息区交流，让服务更周到、贴心。

口才 2

李女士，很抱歉，您常买的那种药没货了，不过可以试试这款。这款跟您平时服用的那款功效相同，也是由著名厂商生产的，质量有保证。现在这款产品正在做活动，价格比您之前用的那款便宜。我拿给您看一看？

针对老年人购买心理稳定的特点，在推荐新产品时，突出新药与顾客常用药的相似性；同时强调产品的优惠，凸显其物超所值；以老朋友的身份向顾客推荐，增强顾客的信任度。

口才 3

既然买了保健品，您就一定得按时吃，可不能吃几天觉得没有效果就半途而废。以后有什么想了解的，可以随时来找我。今天店里顾客多，我就不送两位了，外面下雪，路滑，两位一定要慢点走，多注意安全。

保持态度如一，在顾客购买后，也不忘提醒用药，礼貌地送客出门。

口才误区

1. 您别买那款药，价格太贵了，还是买这个吧，效果特别好。

避免直接攻击顾客中意的药品，这样会引起顾客不满。由于没有与顾客建立起信任，顾客也难以相信销售人员推荐的产品。

2. 很多人吃了这种药都说效果不错，您也买点。

这种说法说服力不强，老年顾客不会轻易相信销售人员的推荐。

3. 您慢走。

冷淡的态度容易让敏感的老年顾客感受到购买前后销售人员态度的转变，从而使其产生不满。

第 6 章　诚心留客，善待顾客

6.8 如何接待中年顾客

情景再现

一位中年顾客拿着几款保健品，反复对比。

情景分析

中年人由于家庭压力大，在选购时更注重经济实惠，喜欢购买自己熟悉或是专家推荐的药品或保健品，相对于其他年龄段的顾客来说，在购买时更加看重自己的判断能力。

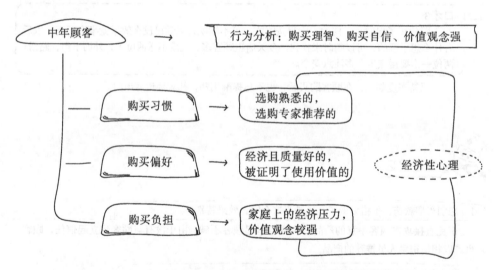

抓住情景重点：（1）有针对性地推荐经济实惠且质量好的产品，迎合中年人的购买偏好。
（2）进行理性的对比与分析，突出产品的性价比。
（3）巧用家庭因素，将购买压力化为购买动力。

中年顾客购买更加理性，相信自己的选择。销售人员在接待中年顾客时，要迎合中年人的购买偏好进行推荐，同时可以巧妙地借用顾客的家庭因素，将购买压力转化为购买动力。

口才金句

口才1
> 您真有眼光。您选的这款保健品是同类型中性价比较高的，质量口碑都不错。咱们这个年纪的人，家庭负担大，就得买这种经济实惠的保健品。

突出性价比，以自己作为同龄人的同理心理，对顾客的选择进行认可和赞同。

口才2
> 我们中年人，都承担着家庭的重担，是家庭的支柱，这时我们更得注重健康，这样才能撑起整个家，您说呢？购买保健品，看上去是消费，实则是为健康投资。我们身体好了，才能更努力工作，让家人过得更好。您拿的这两款保健品的功效差不多，但是这款目前在做活动，更划算。

转换概念，将家庭带来的经济压力转化为购买动力，及时为顾客分析与对比，让顾客自由挑选，增加顾客购买的可能性。

口才3
> 一看就知道您是位成功人士，您平时工作很辛苦，没有太多的时间陪孩子。这两款保健品都是针对儿童补钙的。孩子正在成才阶段，最需要补充营养，孩子身体健康，我们家长也省心啊！

根据顾客的穿着、言辞、气质进行推断，巧用保健品能有助于家人健康的特点来增加保健品的附加价值，促使顾客购买。

口才误区

1. 一盒保健品的钱怎么都能省下来，家人的健康才是最重要的。

话锋太紧，有逼迫顾客购买的意思。

2. 这款保健品挺便宜的，不会给您造成经济负担，您就放心购买吧！

这种说话方式过于直接地指出顾客的决策都是基于经济因素的考虑，会让顾客很尴尬。

3. 您可以购买这款保健品，这款是明星代言的，效果不错。

盲目地利用晕轮效应，没有抓住中年顾客的购买习惯，没有说服力。

6.9　如何接待年轻顾客

情景再现

几位年轻顾客有说有笑地走进保健品专卖店，随意浏览货架上的保健品。

情景分析

年轻顾客对流行、时尚的商品情有独钟，这种求新心理也时常被用到保健品选购中。年轻顾客经济负担小，易受到外界刺激的影响，冲动性购买现象经常发生。

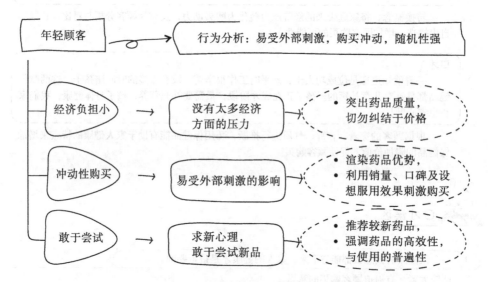

抓住情景重点：（1）推荐高质量的保健品，突出其质量优势，凸显物超所值。
（2）巧用销量、口碑或是他人推荐刺激顾客购买；用联想销售法，获得顾客的肯定。
（3）专业推荐的同时不忘提醒顾客合理采购，少买多来，增加好感。

由于年轻顾客的购买决策易受外界刺激影响，销售人员在面对这类顾客时，应抓住他们的购买特点，用多种方式刺激顾客购买，同时不忘提醒顾客合理采购，突显服务的专业、周到。

口才金句

口才 1

先生，我们这里有一款药膏，对治疗您这种症状的效果特别好，一般用三到五天就可以了，很多年轻人都用这一款，您不妨也试一试。

有针对性地进行推荐，用数字区间说明大致的见效时间，突出功效良好，刺激顾客购买。

口才 2

您朋友说得没错，现在的年轻人压力大却不注重保养，大多处于亚健康状态。这款保健品能有效防止身体铁质的缺失，避免身体虚弱、口唇苍白、头晕耳鸣、血气不足等状况的发生。您不相信我说的没关系，您朋友曾服用过，您问一问他，是不是效果特别好。

渲染保健品的优势，利用顾客朋友的意见提升自己推荐的产品的可信度。

口才 3

感谢您对我们的信任和支持，但购买保健品也要讲究合理性，您说呢？保健品的用法用量都有明确规定，并不是吃得越多越好。您一次性购买过多保健品容易导致保健品过期变质，您可以少买点。我们这次的促销活动持续一个月呢，您用完了可以再来购买。

温馨提示顾客合理地采购，避免年轻顾客在冲动下一次性大量购买，造成日后退货等纠纷。

口才误区

1. 您买那么多并不能派上用场，少买点吧。

这种语言表达不清晰，顾客会想："为什么不让我多买，难道是要涨价？"

2. 这款保健品挺好的，多购买一点，以备不时之需。

这种说法的销售目的太强烈，顾客会产生戒备之心，减少购买或不买，从而使结果与销售目的背道而驰。

3. 您这么年轻怎么得了这种病，快点服用我们这款保健品，这款保健品是专门治疗您这种病的。

这种语言冲击力太强，直接地指出了顾客的病症，易让顾客不满。如此强烈的推荐，会加重顾客的疑心。

第7章 恒心签客，临门一脚达成交易

7.1 "这药能保证效果吗"

情景再现

销售人员在向顾客介绍完药品的相关信息后，顾客看了看药品的包装，抬头问道："这药效果真的像你说的那么好吗？能保证效果吗？"

情景分析

不论是保健品还是药品，顾客购买后都希望有良好的功效，而顾客反复确认药品的功效，说明顾客对药品信心不足。

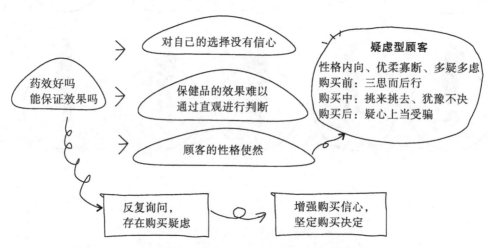

抓住情景重点：（1）增强购买刺激，给犹豫的顾客一个果断购买的理由。
（2）强调药品的优势，反复强调其功效，增强顾客购买的信心。
（3）灵活地运用肯定法、未来憧憬法、刺激成交法等方法，促使顾客购买。

当顾客对药品的效果存在质疑时，销售人员要巧用方法，强调药品的优势，营造热销的氛围，增加购买刺激，从而促成交易。

口才金句

口才 1

　　每个人的身体吸收状况不一样，我不能向您保证用药后一定药到病除，但是这款药品是同类药品中较好的。而且，我们药店现在正在做促销活动，药品都是七折优惠，每盒能便宜几十块钱呢，十分划算，您买几盒？

　　客观地回应顾客的质疑，以坚定的语气传达销售人员对药品的自信，同时以优惠吸引顾客，给顾客适当的购买刺激。

口才 2

　　这款药品已经上市两年多了，顾客反映效果一直不错。群众的眼睛是雪亮的，通过我们每年上百万的销量，您就可以知道它的效果如何。您要是不放心，不妨先少购买两盒回去试一试，要是效果好您就再来，您看这样可以吗？

　　反复强调药品的效果，并用销量数据、顾客的口碑增强顾客的购买信心；通过让顾客少量购买、试用并进行体验，给顾客营造轻松的购买氛围，减轻顾客购买时的心理压力。

口才 3

　　药品的效果并不是由我们宣传出来的，刚才来购买药品的大爷都来买过两次了，他现在的气色十分好，人特有精神。咱们的药又不贵，您也有这个经济条件，为什么不试一试呢？

　　巧用身边的实例向顾客证明药品的疗效，恰当地使用刺激成交法，并利用顾客的心理，促使顾客坚定对药品的信心，迅速做出购买决定。

口才误区

1. 这款药品是大品牌，效果当然好，您放心。

　　这种说法过于苍白，难以消除顾客对药物功效的疑虑。

2. 您不自己试一试，怎么知道这款药品好还是不好。

　　这种不礼貌的说话方式，容易让顾客感受到销售人员的敷衍和轻视。

3. 我刚刚已经详细地给您介绍过了，保证效果，您就放心购买。

　　这种不专业的说法过于绝对，容易引起顾客的怀疑。

7.2 "我还是不买了，价格太贵"

情景再现

销售人员把顾客选中的保健品包好，并开单请顾客交费，可是顾客拿着单子为难地说："我还是不买了，价格太贵了。"

情景分析

顾客在选购时，总是避免不了的一而再、再而三地提到价格问题，在交费购买前，顾客提出价格上的异议，主要有以下几方面的原因。

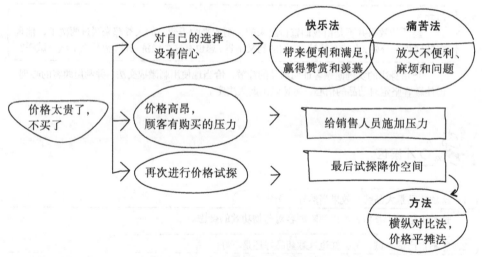

抓住情景重点：（1）巧用横纵比较，通过对比，凸显优势。
（2）价格平摊，化整为零，消除大额数字给顾客造成的压力。
（3）恰当地使用快乐法和痛苦法，刺激顾客购买。

在购买前顾客再次提出了价格上的异议，这无疑给销售人员增加了压力。销售人员要综合运用对比和价格平摊及快乐法、痛苦法等方法，化异议为利益。

口才金句

口才 1

　　您是我们店的会员，应该知道我们的定价策略。您可以拿我们店的同类保健品到其他店比较一下，这款保健品的性价比绝对是十分高的，而且现在又在做促销活动，会员可以享受到七折优惠，您真的不用再犹豫了，您看您要几盒？

　　邀请顾客拿药做对比，以坦荡的态度增强顾客的信任；突出保健品的性价比，再以会员促销活动吸引顾客，刺激顾客购买。

口才 2

　　您可能觉得价格贵，但是咱们可以仔细地算一算。这一盒是 400 多块钱，可以服用一个月，也就是平均每天十几块钱。十几块钱的支出，得到的却是身体健康，您说是不是很划算？

　　主动地说明顾客对价格可能存在的感受，并为顾客精打细算，化整为零，把每天的支出和长久的健康收益进行对比，减轻大额数字带给顾客的强烈刺激。

口才 3

　　女士，我理解您，一次性买三个疗程的保健品，价格是不低，但您想一想，我们拼命地工作挣钱，都是为了孩子。这款保健品能补充人体所缺的营养元素，改善营养结构，增强孩子的免疫力，对小孩的健康成长很有帮助。孩子的健康才是您最看重的，不是吗？

　　理解和认同顾客的观点，巧用快乐法和痛苦法，向顾客说明使用的益处和不用的弊端，帮助顾客决策。

口才误区

1. 这款保健品不贵，您看我都给您装好了，不买也不合适，您说呢？

　　这种急于求成的表达方式，没有足够的理由说服顾客，给顾客一种强迫购买的感觉。

2. 我们的保健品都是很便宜的，你就安心购买吧。

　　在没有摸清顾客真实意图的情况下，直接用价格低廉吸引顾客，只会起到相反的效果。顾客不会只因为药品便宜而做出购买的决定。

3. 刚刚都说了要买，怎么能不买了？

　　这种语气强硬的表达方式，容易让顾客感受到销售人员的抱怨，产生逆反心理，从而放弃购买。

7.3 "我一次买三个疗程，你给我便宜点"

情景再现

一位顾客选中了一款保健品，因为需要按疗程使用，所以销售人员建议一次性买三个疗程，顾客点头答应，说："行，那就要三个疗程，我买这么多，你给我便宜点。"

情景分析

在销售过程中，顾客经常会以自己购买的数量多而要求降价，如果不能降价，顾客会产生一种不平衡的心理，甚至会打消购买的决定。

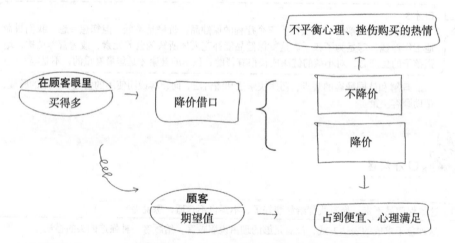

抓住情景重点：（1）肯定顾客的购买行为，避免斩钉截铁地拒绝，挫伤购买热情。
（2）不论降价与否，都要先给予顾客尊重。
（3）利用礼品、积分、折扣券等小优惠，变相地为顾客降价。

面对以购买数量多为由而要求降价的顾客时，销售人员先要对顾客的支持表示感谢。不论是否降价，销售人员都应避免直接做出正面的回应，以免降低利润或挫伤顾客的购买热情。

口才金句

口才 1

很感谢您的支持，一次性购买了这么多的保健品，也正是因为您买得多，店长才特意交代给您这个优惠的价格，正常情况下，每个疗程得多花 300 多元呢。您选择现在买，而且一次性买这么多，是十分划算的。

肯定顾客的支持，给顾客心理上的重视和满足；委婉地说明药品价格已经是优惠价格，没有让利空间；把现价与原价对比，凸显价格的优势。

口才 2

这款保健品因为疗效好，又有明星代言，所以在这一季特别畅销，也一直都没有降价活动。您真有眼光，一次性买得多，我估计是不能再优惠了。但咱们都是老朋友了，我再去跟店长争取一下，您先稍等一会儿，我马上回来。

营造保健品热销的氛围，说明保健品没有降价活动，为顾客尽力地申请并争取优惠。不管结果如何，都要让顾客感受到销售人员的热情，使顾客得到心理上的满足。

口才 3

真的抱歉，之前我申请过几次降价，但都被驳回了，确实没有办法给您再优惠。考虑到您一次性买了三个疗程，我去申请给您办理张会员卡，您以后如果有需要，可以享受会员价，您看行吗？

诚恳地道歉说明没有降价空间，巧妙地用会员卡、积分、优惠券等小优惠吸引顾客，给顾客适当的购买刺激，促使顾客购买。

口才误区

1. 三个疗程还多？人家还有买五、六个疗程的呢。

这种表达方式语气夸张，不礼貌，容易让顾客觉得销售人员这是在讽刺自己，很尴尬。

2. 实在不好意思，真的不能再便宜了，再便宜就赔死了。

过于直接的拒绝，容易挫伤顾客购买热情，而且这样的说辞容易给顾客留下药店只重利益的印象。

3. 这款保健品是公司统一定价的，我想给您便宜，也没那个权限。

这种说法是在推卸责任。把问题归咎于没有权限，既不能解决顾客的问题，也难以说服顾客购买。

7.4 "我体质和别人不一样，我怕我用了没效果"

情景再现

顾客在保健品店内，一边仔细看保健品说明，一边询问销售人员："这款保健品适合什么体质的人呢？我体质和别人不一样，怕服用后没效果。"

情景分析

个人体质不同，对同种保健品的吸收效果也不一样。很多顾客在选购保健品时，额外关注体质因素，是希望药品在对症的同时，能够适合自己的体质，从而挑选到合适的保健品。

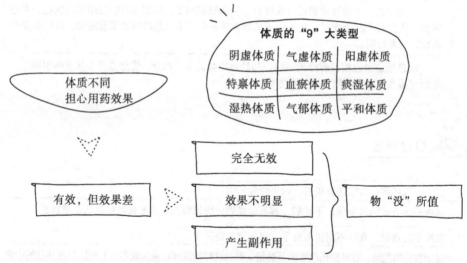

抓住情景重点：（1）贴心询问，细致观察，判断顾客的体质类型，有针对性地推荐保健品。
（2）凸显保健品的优势，并对可以促进疗效的注意事项进行温馨提示。
（3）巧用保健品的相互作用，抓住机会，进行保健品的搭售。

当顾客因为个人体质原因，而对保健品效果产生质疑时，销售人员要在询问与观察的基础上，做针对性的推荐，凸显保健品的核心优势。

口才金句

口才 1

看您的面色，您多半是气虚体质。像咱们这个年龄段的人，由于工作压力大，用脑过度，常出现疲乏神倦、头晕健忘的状况，我们这款保健品选用的药材都属于平和的类型，对气虚体质是十分合适的，您可以放心服用。

利用专业的药理知识，细心观察顾客的体质类型；通过针对性地介绍保健品的优势，突出适应性，消除顾客的疑虑。

口才 2

这款保健品是专门为××体质人群研制的，效果特别好。当然，如果您能根据自己的身体状况，配以适量的有氧运动，饮食上再注意少食辛辣、寒凉的食物，效果就会更加明显。

突出保健品的针对性，说明药效对症，再对顾客的饮食禁忌、运动疗法、注意事项等做出提示，促进药效达到事半功倍的效果。

口才 3

我记得您刚刚说过您是过敏体质，所以特别注意了这点，这款药是口服药，服用剂量小，见效迅速，极大地避免了过敏的可能。因为成分关系，这类药不能百分之百地杜绝过敏发生，我建议您可以同时使用这款抗过敏药品，很多医生在给过敏体质患者配药时都是这么搭配的，效果特别好。

重申顾客的体质类型，唤起顾客的好感；突出药物功效的优势，抓住机会进行搭售，以医生的专业推荐为据，说明效果。

口才误区

1. 这种药适合各种体质的人，您就放心使用，效果很好。

这种表达方式不客观。没有一种药适合所有人，这样说只会加深顾客的怀疑。

2. 顾客服用后都反映效果不错，没听说存在体质的差别。

这样表述不够专业。销售人员任何不确定、不专业、模棱两可的言辞，都会成为顾客购买的障碍。

3. 厂商生产的时候肯定考虑到了体质的因素，您就不用担心了，放心购买。

这种不礼貌的说话方式，有暗指顾客多此一问的嫌疑。销售人员过于急切地催促顾客购买，易引起顾客的反感。

7.5 "这仪器操作这么麻烦，我怕回去用不好"

情景再现

顾客在店内体验一款保健仪器，因为首次操作对程序不熟悉，花了好几分钟才让仪器运转起来，顾客小声地抱怨："操作怎么这么麻烦，购买回去使用不好就是白花钱。"

情景分析

人对新事物的认识和接受都有一个过程。对于新的保健仪器，顾客在刚开始操作时难免觉得麻烦，从而衍生出对日后使用问题的担心。

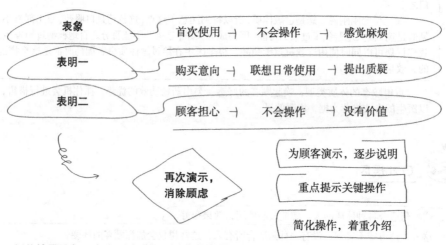

抓住情景重点： （1）逐步讲解，语言应简洁通俗。
（2）重点提示关键步骤；巧用说明书，对重点做出标注。
（3）重点说明操作技巧，简化操作，消除顾虑。

面对顾客对仪器操作复杂的质疑时，最有效的办法就是再次为顾客演示，在最短的时间内让顾客熟悉仪器，问题就能迎刃而解。

口才金句

口才 1

因为您是刚开始操作，所以可能会觉得复杂，其实就只有两个大步骤。您看，先按红色的电源按钮，打开开关，下面这三个白色的按钮代表三种不同的按摩模式，您想用哪种，按下相应的键就可以了。这有一句顺口溜：红色按钮开电源，白色模式三选一。很容易就记住了。

为顾客演示操作，逐步并细致地讲解，巧用顺口溜归纳总结，让顾客记忆更容易。

口才 2

这款仪器的功能特别强大，特别之处在于新增的三个按钮，它们可以调整仪器的形态，有拉伸和收缩作用，正好配合人的站、坐、卧三种不同姿势，让我们能够在最舒适的状态下使用。我在说明书上将每个按钮的作用都给您重点标注出来了，您回家多使用几次，自然就熟练了。

转仪器操作复杂的劣势为优势。说明保健仪器功能强大，操作必然稍显复杂。巧借再次介绍操作的时机，突出仪器的卖点；发挥说明书作用，强调熟能生巧，激发顾客的认同。

口才 3

这是我介绍不到位的原因导致的，真是抱歉。这款仪器有一步式操作，您看，就是右边的黑色按钮，系统参数都是设计好的，您只要坐在上面，按下黑色的按钮就可以了。您可以看看书，听听歌或是小睡一会儿都没问题，完全不用再考虑其他的操作问题，时间到了仪器会自动停止，很方便。

突出仪器一步式操作的卖点，吸引顾客注意；用联想销售法，让顾客设想使用仪器时的方便舒适，唤起顾客的好感，促使顾客购买。

口才误区

1. 这款已经是操作最简单的仪器了。

这种说话方式过于直接，顾客会觉得这不仅是对自己提出问题的质疑，而且不能解决实际问题。

2. 操作复杂才说明我们的仪器有技术含量，效果好。

这种表达方式不专业。操作复杂与技术含量以及效果之间并没有必然联系，这种说法难以说服顾客。

3. 操作步骤就三步，还复杂？您想购买的那种一步操作的仪器已经被淘汰了。

这种说话方式不礼貌，容易让顾客感到尴尬，从而对购买产生排斥情绪。

第 7 章　恒心签客，临门一脚达成交易

7.6 "血压仪买回去也使用不了几次，还是别买了"

情景再现

顾客在保健品店内浏览保健仪器，拿起一款血压仪看了看，销售人员刚要上前介绍，顾客却说："血压仪买回去也使用不了几次，还是别买了。"

情景分析

随着科技发展，保健仪器也逐渐走入顾客的视线，给人们带来了健康和方便。可是很多顾客在选择购买时，还是会考虑到使用频率不多的问题。当自己身体出现不适症状时，顾客更愿意到医院测量，而不愿意自己购买血压仪，认为血压仪不常用，没必要常备。

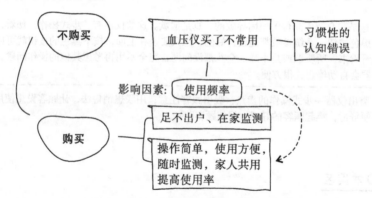

抓住情景重点：（1）抓住使用的必要性，强调仪器监测高血压等特殊病症的必备性。
　　　　　　　　（2）突出家庭常备，不能因为使用少而决定不购买。
　　　　　　　　（3）巧用联想假设，突出使用方便，吸引顾客。

顾客以血压仪不常用为由拒绝购买，是混淆了其必买性与使用率在购买中的不同作用。销售人员需要做的就是改变顾客的错误认知，让顾客认识到常备血压仪的必要性。

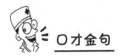

口才金句

口才 1

女士，现在高血压有了年轻化的趋势。血压仪买回去，不但您能用，孩子们也能测量一下。年轻人工作压力大，身体大都处于亚健康状态，却都不注意保养预防，我们做老人的就得多费点心，您说是不是这个道理？

借用高血压年轻化的大趋势，说明购买的必要性；用家人的健康唤起老年人的购买欲望，促成交易。

口才 2

像高血压、糖尿病这类疾病都属于慢性病，咱们老年患者最好每天监测。如果我们能够随时监测，就能及时发现异常，降低猝发性疾病发病的可能性，再说这血压仪的价格也不贵，您常备个血压仪在家，心里也踏实，您说呢？

从专业的角度说明常备血压仪的必要；具体分析每天使用能为顾客带来的好处，先抑后扬，刺激顾客购买。

口才 3

女士，这血压仪的性价比很高。您买回去，坐在家里就能随时监测血压变化，发现异常就能及时治疗，这种监测也是一种预防。万一您真的需要去医院了，那可不是仅仅量次血压就能解决的了。您花点钱就能收获健康，这多值得。

言明随时监测血压的重要性，强调产品的预防功能；再用血压仪的性价比，说服顾客购买。

口才误区

1. 怎么会不常用？您可以天天使用。

这种表达方式不专业，没有足够的理由劝说顾客购买。

2. 您不监测血压的变化，到时候血压升高诱发其他疾病，您后悔都来不及。

这样的说话方式，有暗示高血压会诱发顾客其他疾病的意思，会引起顾客不满。

3. 您都已经得了高血压了，还舍不得花钱买个血压仪吗？

这样说话不礼貌，用强烈的语气提及顾客病情及经济能力等敏感问题，容易让顾客产生排斥心理。

第 7 章　恒心签客，临门一脚达成交易

7.7 "我想购买最新的产品"

情景再现

顾客在药店内选购产品，销售人员根据需求为顾客推荐，可是顾客拿着销售人员推荐的产品，说："我想购买新研制出来的产品。"

情景分析

顾客在选购产品时，具有求新心理，总认为新的东西会融合更多新元素、新科技，效果会更好。顾客在选购产品时，也时常将这种心理代入到购买决策当中，因此会发生顾客认为老产品过时了，想买最新研制的产品的情况。

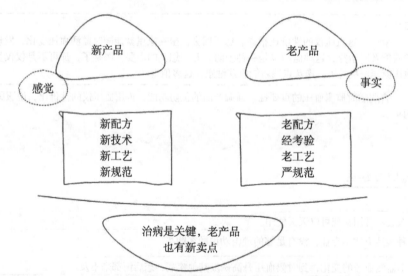

抓住情景重点：（1）突出对症性，说明治病才是关键，打破顾客的求新心理。
（2）强调老产品的新卖点，说明产品不过时。
（3）抓住时间因素，说明老产品经过时间验证，品质功效更有保证。

顾客拥有求新的心理，认为产品过时并不奇怪。销售人员要为顾客明确"求新"的适用范围，将顾客的注意力拉回到产品的疗效上来，从而说服顾客购买。

口才金句

口才 1

选购产品可不像买衣服，新配方就一定好，不论是新产品还是老产品，能治病才是关键。这款产品正对应您的症状，而且属于口服药，服用剂量小、见效快，不用担心副作用。

强调关键点在于治病，淡化顾客对产品新旧的关注；说明产品对症，反复强调该产品的优势，加深顾客的印象，唤起顾客的购买欲望。

口才 2

您真专业，一看就知道这是××知名厂商的老产品。不知道您所谓的新旧具体是指哪一方面呢？您看，这款虽然也是中成药，但由原来的大丸药改成了小蜜丸，药味不像之前那么浓，服用也更加方便，这些新的改进可一点都不过时。

先确认顾客的疑惑点，再借势说明老产品的新卖点，凸显产品的优势，吸引顾客。

口才 3

这款的确是老产品，上市近十年了，因此我才敢这么放心地推荐给您。一款药品的上市时间越久，它的质量及疗效就会经历越多患者的验证，而这款老产品之所以这么多年还畅销如初，就是因为它的疗效得到了顾客的认可。

表明销售人员是从顾客的角度进行推荐，强调老产品的质量与疗效有保证，激起顾客的共鸣，促成交易。

口才误区

1. 产品又不是衣服，不用看重新款。

这样表达不礼貌，太直接，容易让顾客感受到销售人员的抱怨情绪，从而引起争执。

2. 这款产品的效果比新的好多了，您购买它错不了。

没有用充分的理由说服顾客，且推销过于急切，易引起顾客的反感和怀疑。

3. 新产品刚上市，既不便宜，效果又没保证，您怎么会想买新产品？

这种沟通方式不专业。对产品的强烈否定很难获取顾客认同，如果顾客坚持选购新药，销售人员再推荐新产品时会产生尴尬。

7.8 "我对老中医免费坐堂不太相信"

情景再现

门店为了让顾客能够合理使用中药，特意聘请资深老中医坐堂，为顾客免费诊治开方。可当销售人员建议顾客去参加这个活动时，顾客却说："哪那么多老中医免费坐堂，肯定是假的。"

情景分析

对于药店提供的老中医免费坐堂看诊服务，顾客有时会怀疑药店的动机，觉得免费的背后可能是药店推销药品的手段。

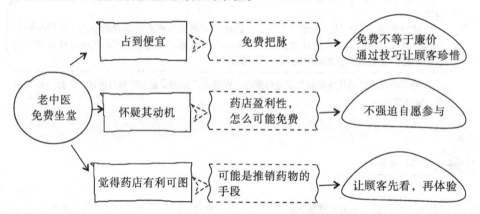

抓住情景重点：（1）说明举办活动的原因，提升活动的价值。
（2）营造轻松的氛围，不要急切地推销，让顾客先观望再决定，消除顾客的怀疑。
（3）通过资质等说明，有理有据，说服力强。

当顾客怀疑中医免费坐堂活动的真实性时，销售人员要从原因入手，转变顾客观念，营造轻松的选购氛围，进行推荐而不是推销，并采用欲擒故纵的技巧，让顾客自愿接受。

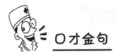 **口才金句**

口才1
　　咱们是老字号，最看重的就是信誉和口碑，因此这次特意聘请××堂的老中医来免费坐堂，就是为了给顾客专业的用药指导和健康诊断。一方面让顾客得到专业人士的帮助。另一方面，顾客感觉好了，也能多为我们宣传口碑，这是一举两得的事情。

　　简要地说明老中医坐堂的原因，侧面说明药店是老字号重口碑，绝不会弄虚作假，从药店整体品牌形象的角度出发，增强顾客信任。

口才2
　　我们特意从××请来权威专家，安排半天时间来为顾客提供免费的咨询服务。参加活动请持购物小票来这边排队。

　　说明活动的价值、医生的权威、活动时间的限制以及参与活动的条件，简单明了地说明情况，赢得顾客信任。

口才3
　　老中医看诊是我们店的一大特色，很多回头客都是冲着我们老中医的专业指导来的。您如果不信任我，可以问问周围等候看诊的人，他们都深有体会。您和他们聊一聊，肯定会对我们的服务有不一样的看法。

　　强调老中医看诊是药店的一大特色，证明不是弄虚作假；邀请顾客与等候看诊的顾客进行沟通交流，巧用其他顾客的影响力说服顾客。

 **口才误区**

1. 您不用怀疑，我们的老中医都是真的。
　　这种过于简单、敷衍的表达方式，难以消除顾客的怀疑。

2. 我们这一直都有老中医坐堂，还没有人像您这样怀疑是假的。
　　这种说话方式不礼貌，且语气强烈，容易让顾客感受到销售人员对自己质疑的抱怨和不满。

3. 怕是假的您别来看，没有人强迫您。
　　这种说话方式不礼貌，容易让顾客感到尴尬，让其对购买产生排斥情绪。

7.9 "为了提成，你们肯定推销贵的"

情景再现

顾客在店内浏览药品，销售人员在询问了需求后热情推荐，可是顾客却不理会销售人员的推荐，说："为了拿提成，你们肯定都推荐贵的，我还是自己选吧。"

情景分析

在顾客眼里，药品销售人员的工资与业绩挂钩，因此顾客进店选购时，害怕销售人员会优先推荐比较昂贵的药品，从而不相信销售人员的推荐。

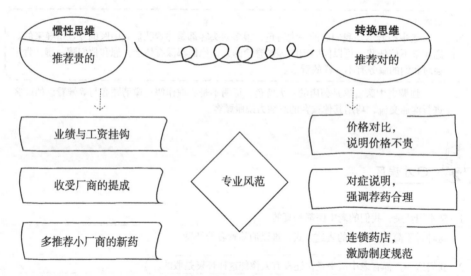

抓住情景重点：（1）巧做对比，说明价格不贵。
（2）综合顾客需求与药物功能，强调药品对症，凸显荐药专业、合理。
（3）利用规范的激励制度，转变顾客固有观念，消除误解。

在顾客眼中，销售人员对药品的推荐难免包含了利益因素，因此销售人员要从药品价格不贵、药品对症、药店制度规范等方面改变顾客观念，消除顾客的误解。

口才金句

口才1

女士，您说我推荐给您的药贵，这是对我的误解。您拿的这款药品是同类药品中效果较好的，价格却只是中下等水平，您要是不相信，我再给您拿两款同等功效的药品您自己对比一下，看一看我说的是不是真的。

向顾客表明推荐的药品价格不贵，邀请顾客对价格进行对比。

口才2

咱们做药品销售，最看重的就是职业道德。如果我生病来买药品，也希望能尽快见效，早点恢复健康，所以对于我的推荐，请您放心。另外，这是药品说明书，这款药品的主治功能和您刚才描述的症状一模一样，您按照上面的服用方法每天饭后服用，相信症状一定会改善的。

从职业道德入手，代入自身感受，并巧用说明书说明推荐的药品是最对症的；通过提醒顾客按时按量正确服用，显示亲和力，顾客自然不会再质疑。

口才3

不瞒您说，我们的工资虽然和业绩挂钩，但不直接涉及厂商提成。我们这是连锁药店，有规范的激励制度，您看，墙上贴着的是员工守则，如果您发现我们哪个员工只给您推荐贵的，而不是适合您的药，您可以投诉举报。

用连锁药店的激励制度消除顾客的误解，引导顾客查看员工守则，告知其可以采用举报、投诉等处理办法，有理有据地说服顾客。

口才误区

1. 才二十多块钱，您还觉得贵？

这种表达方式不专业，没有充足的理由说服顾客，反而增强了数字给顾客的刺激，让顾客坚定自己的观点。

2. 推荐给您的是贵了一点，但是效果比其他的好。

这种言辞不仅默认了顾客观点，而且没有充足的理由说明推荐的合理性，容易造成顾客流失。

3. 您怎么会这么想呢？我推荐给您的都是最适合您的。

这种表达方式不礼貌。直接对顾客的质疑提出强烈反驳，容易让顾客产生不满，难以说服顾客。

7.10 "我先买一盒，效果好再来买"

情景再现

销售人员为顾客推荐了一款保健品，保健品功能对症、价格合适，顾客很感兴趣，但是销售人员问顾客购买几个疗程时，顾客却说："我先买一盒，效果好再来买。"

情景分析

顾客提出先购买一盒，效果好再来购买，说明顾客对保健品有兴趣，已经接受了这款保健品，但是因为没有使用过，难以确认效果，所以先试用，再根据使用效果决定是否继续购买。

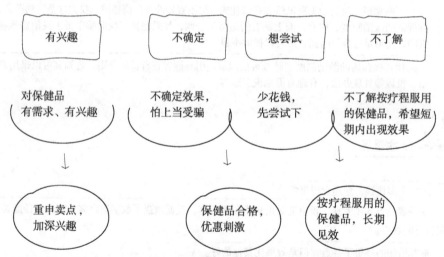

抓住情景重点：（1）重申卖点，反复强调保健品的特点，加深顾客兴趣。

（2）强调性价比，显示保健品合格、疗效显著，辅以优惠刺激。

（3）转变顾客的观念，说明按疗程服用的保健品长期见效，不能急于求成。

销售人员面对这种想要先买一盒尝试的顾客，首先要肯定顾客的兴趣，再从按疗程服用的保健品的特点入手，转变顾客的观念，辅以优惠刺激，从而赢得顾客。

口才金句

口才 1

您真有眼光，选到了同类保健品中较好的一款，我们这款保健品的回头客特别多，顾客经常一次性购买几个疗程，如果只买一盒的话，我担心因为服用期限短，效果没有显现出来，而让您错过这么好的产品。

先肯定再建议，用回头客的推荐来侧面烘托保健品的效果，同时说明只购买一盒保健品，疗效很难显现出来。

口才 2

您既然想买来试一试，为什么不直接购买一个疗程呢？我们保健品的效果您真的不用担心，而且我们现在正好在做店庆促销，七折优惠，非常划算了，要是等活动结束，您就得全价购买，那要多花不少冤枉钱了。

用价格优惠吸引顾客，委婉地建议顾客按疗程购买；对比活动前后的价格差，增强购买刺激，促使顾客下定购买决心。

口才 3

相信您也知道，中药一般都是按疗程服，重在对身体由内而外的整体调节，不可能使用一盒效果就完全显现出来。这款中成药也是一样，我建议您先买一个疗程试一试，这样不但价格上有优惠，您也能感受到保健品的效果。

从保健品的属性和疗程入手，说明疗程使用的必要性，转变顾客的观念，切勿急于求成。

口才误区

1. 这么好的保健品，其他顾客一买就是几个疗程，您先买一个疗程，价格又不贵。

这种说话方式容易使顾客觉得被"嫌弃"。直接将顾客的拒绝归咎于价格原因，是没有抓住顾客心理重点的表现。

2. 用药哪能急于求成，您买一盒根本看不出效果。

直接指出顾客急于求成的想法不切实际，容易引起顾客不满。

3. 反正以后也要买，还不如现在买。

急切地催促顾客购买，容易让顾客产生怀疑和逆反心理，从而使其放弃购买。

7.11 "我是送人的，要是不合适能退吗"

情景再现

在保健品店内，销售人员为顾客推荐了一款保健品，不论在包装、品牌还是价格方面，顾客都比较满意。临近开单时，顾客却说："这款保健品我是用来送人的，要是不合适能退吗？"

情景分析

顾客购买保健品送人，在考虑自己的喜好同时，也会在意收礼人的感受，而收礼人是否喜欢自己选购的保健品具有不确定性，因此顾客在购买时难免会有顾虑。

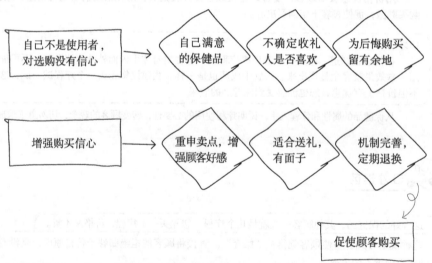

抓住情景重点：（1）强调卖点，唤起顾客的好感，增强满意度。
（2）突出优势，从包装、品牌等角度说明保健品适合送礼。
（3）强调退换货机制完善，说明退货的要求和规定，给顾客心理保障。

由于买保健品送礼的顾客不是最终使用者，所以在购买时要考虑更多的因素，这时销售人员需要增强顾客的满意度，突出保健品适合送礼的特点，再给予顾客心理保障。

口才金句

口才 1

这款是专门针对老年人体质研制的营养型保健品，能改善老年人的营养结构，补充膳食中难以汲取的营养，送给老人十分合适。逢年过节，这一款卖得十分好，都是晚辈用来送给长辈的，您放心，收到礼物，他们一定很开心，保证会满意。

强调保健品的优势，突出适应性，站在顾客立场上，将购买的顾客引申为实例，让顾客联想长辈收到礼物时的喜悦心情，打消顾客的顾虑。

口才 2

这款保健品就是明星代言的那款，知名度特别高，用来送礼很有面子。恰逢春节，厂商还特意打造了包装礼盒，看着就十分温馨喜庆，再说这是大品牌，品质也有保障，不管您送什么年纪的人都特别合适，他们肯定喜欢。

渲染保健品的知名度高，突出产品包装的特点，并巧用节日活动专制礼品包装，烘托出保健品的高端大气，增强顾客的购买信心。

口才 3

我们是正规的保健品连锁专卖店，有完善的退换货机制，能够七天无理由退货，这点您可以放心。到时候只要您保证包装完好无损，里面的保健品没有拆装，都可以拿过来退换。不过这样优质的保健品，不论送给谁都会非常喜欢，到时候我让您退货，您都不一定愿意。

表明门店正规且品质有保证，以规范的退换货制度安抚顾客；同时说明保健品优质可靠，不会发生退货的可能，从侧面给予顾客肯定。

口才误区

1. 您放心，他们肯定喜欢。

这种没有理由就直接肯定他人喜欢的说法，过于主观，不足以让顾客信任。

2. 这款保健品特别好，还没有顾客要求退货的情况出现，您放心购买。

保健品的好坏不是决定适合送礼的唯一因素，这种说法难以消除顾客顾虑。

3. 没问题，不喜欢您就来，我保证给您退。

这种随口的承诺，难以取得顾客的信任，而且如果顾客退货，销售人员不能兑现承诺，就会彻底失去顾客信任。

第 7 章　恒心签客，临门一脚达成交易

7.12 "万一效果不好，退货很麻烦，还是算了"

情景再现

销售人员热情地为进店的顾客推荐保健品，顾客浏览了一圈保健品后，却还是摇摇头，说："还是算了，这些保健品我没用过，万一效果不好，退货多麻烦。"

情景分析

保健品是否见效以及见效的明显程度跟人的体质有很大关系。顾客没有使用过保健品，购买时难免会担心效果的问题，认为万一保健品没有效果，退换手续很麻烦，因此才会产生这种顾虑。

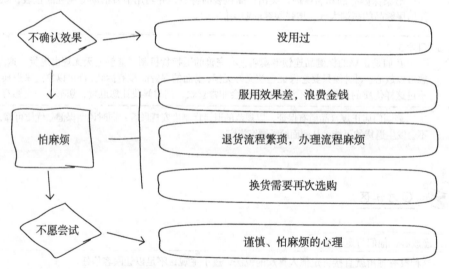

抓住情景重点： （1）借用销量以及顾客的好评说明效果，从根本上消除顾客的顾虑。

（2）委婉建议顾客少买或试用；利用优惠活动，激励顾客尝试。

（3）说明退货规定，表明退货流程简单，强调顾客怕麻烦心理的不必要性。

顾客对于没有接触过的保健品都会保持谨慎，并且由于效果好坏是不能确定的，顾客自然会对此产生顾虑。销售人员要巧用方法，激励顾客尝试，哪怕顾客只是少量地尝试购买，也未尝不可。

口才金句

　　对顾客的顾虑表示理解，利用销量和口碑，说明目前还没有出现退货的问题，传递"保健品不需要退货，必然没麻烦"的信息，从根本上消除顾客的顾虑。

　　客观评价保健品效果与体质的关系，站在顾客的角度，中肯地建议顾客尝试单疗程体验，再通过性价比吸引顾客的注意。

　　通过阐述保健行业退换货纠纷的实质，说明该款保健品退货规定严格，强调退货流程办理方便，从而消除顾客的顾虑。

口才误区

1. 效果很好，根本不需要考虑到退货的问题。

　　对效果过分地肯定，反而容易引起顾客的质疑，不能消除顾客顾虑。

2. 我们都是承诺无效退款的，流程不麻烦，您就放心购买。

　　保健品行业零售终端的退货麻烦让顾客印象深刻，销售人员随口的承诺难以取得顾客信任。

3. 您都没用过，怎么就知道效果一定不好并需要退货？

　　这样语气强硬的说法容易让顾客感受到销售人员的抱怨情绪，引起不满。

7.13 "我忘记带会员卡了，能按照会员价买吗"

情景再现

顾客在保健品专卖店，选择好了适合自己的保健品。销售人员要为顾客开单结账，询问顾客是否有会员卡时，顾客为难地说："我有会员卡，但是忘带了，能按照会员价买吗？"

情景分析

顾客忘了带会员卡，却希望以会员价购得保健品，这既有可能是真实情况，也可能是新顾客希望以低价购买保健品的说辞。

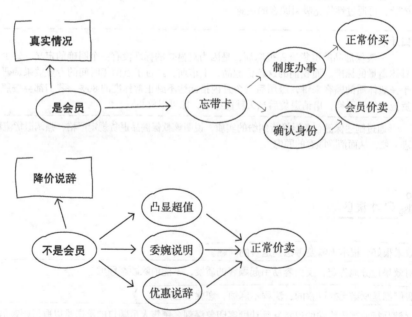

抓住情景重点： （1）巧用方法，识别顾客的会员身份。

（2）说明会员卡的作用及使用流程，给予弥补方式，不错失顾客。

（3）凸显超值：利用积分等优惠，转移顾客对价格的关注。

顾客不能出示会员卡，却要求以会员价购买，销售人员可以用预留的姓名、手机号等方式识别会员身份，再根据情况灵活应对。在整个过程中，销售人员都要注意拒绝不能过于直接，避免挫伤顾客的购买热情。

口才金句

口才 1

没带会员卡没关系，当初我们在办理会员卡的时候预留了您的信息，您到我们的收银台报一下姓名和手机号就可以，仍然给您会员价。我带您过去。

使用会员卡的预留信息核实顾客身份，给顾客提供便利，增加顾客的忠诚度。

口才 2

我也很想帮您，但您也知道，我们的计价系统都是通过计算机扫描会员卡的信息磁条后直接计价的，不扫描信息磁条，就无法享受会员价，这点还请您理解。不过您可以把购物小票收好，下次来的时候我们可以把积分给您补上，您看行吗？

向顾客说明会员卡的作用以及计价流程，争取顾客的谅解；提示顾客收好购物单据，在积分上给予顾客弥补，留住顾客。

口才 3

您没带会员卡没关系，因为我们的会员卡都是积分制，只能积分，不能优惠，所以在价格上没法优惠，真的抱歉。您的购买积分我们可以在后台添加到您的卡上。

提出积分优惠，淡化顾客对价格的注意；表明不管顾客是否会员，都不能提供价格上的优惠。

口才误区

1. 没有会员卡就享受不了会员价，这是规定，我也没办法。

以规定为由直接拒绝顾客，容易挫伤顾客的购买积极性，使其产生排斥心理。

2. 忘带会员卡了？那您怎么证明您的会员身份？

强烈的疑问语气让顾客易感受到销售人员对自己会员身份的质疑，不论顾客是否是会员，都会产生尴尬和不满。

3. 为了避免一些顾客投机取巧，因此没有会员卡就不能享受优惠，真是抱歉。

直白地点明顾客不能享受优惠的原因，有暗指顾客投机取巧的嫌疑，让顾客产生反感。

7.14 "每次都带人来参加你们的会销，给我便宜点"

情景再现

会销期间，一位顾客找到销售人员，拿着好几种保健品对销售人员说："我每次都带人来参加你们的会销，这次又买了这么多，给我便宜点。"

情景分析

顾客参加会销购买保健品，说明了顾客对保健品的认同，以及对销售人员服务的满意，也因此会介绍其他人员过来购买，并希望在自己购买时，在价格上能得到更大的优惠，从而满足其受尊重、受重视的心理。

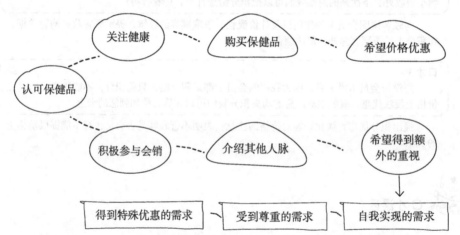

抓住情景重点：（1）肯定并感谢顾客的支持，给予顾客心理上的愉悦和满足。

（2）利用免费测试、咨询、优先体验等活动吸引顾客，满足顾客希望享受与众不同待遇的优越感。

（3）发挥顾客的资源优势，给予顾客优惠，开发新客源。

顾客多次带人参加会销，并要求优惠价格，不论是否给予价格优惠，销售人员首先都要给予顾客心理上的愉悦和满足，再以个性化服务或是优惠吸引顾客，最大限度地激发顾客的购买欲望，增加顾客的忠诚度。

口才金句

口才 1

　　女士，真的很感谢您每次都带那么多朋友过来，正因为这样，我们经理特意交代要给您最优惠的价格，您看您现在拿保健品的价格每疗程都比别人便宜 200 多元，这个优惠您可千万别告诉别人。

　　感谢顾客的参与和认可，直接告知或暗示顾客已经给予了优惠，用数字突出价格优惠的程度，唤起顾客的满足感。

口才 2

　　会销的保健品都是以成本价出售的，价格上没办法再给您优惠了。但考虑到您是老顾客，还每次都带朋友来，为了感谢您的支持，特意给您留了两款保健品，让您免费试用，以后还希望您能继续支持我们，带更多朋友过来。

　　直言保健品是成本价出售，没有降价空间，以免费试用、优先体验等小优惠吸引顾客，淡化顾客要求优惠的需求。

口才 3

　　这次为了开拓市场，保健品都是最低价出售的，真的不能再便宜了，还希望您能理解。您看，我们为配合老年人的健康活动，新成立了一个老年人健康俱乐部，每周都会举办联谊活动，女士您人脉广，既负责任又热心，这俱乐部的主任非您莫属，这个职务有购买津贴，以后您买保健品就更划算。

　　巧用先抑后扬，说明价格不能优惠，但可以赋予顾客一定职位，给予顾客自我实现上的满足。

口才误区

1. 这已经是最低价了，真的不能再便宜了。

　　这种说法既不能满足顾客要求降价的要求，也不能给予顾客心理上的满足，容易使顾客流失。

2. 我们的保健品这么好，每次都有很多顾客带朋友过来。

　　以其他顾客行为作对比，容易让顾客为自己提出价格优惠的行为感到尴尬，对于老年顾客而言，因尴尬而产生的不舒服心理容易让他们对购买产生排斥反应。

3. 价格都是统一规定的，我也没有办法。

　　推卸责任，这样的说法给顾客一种敷衍的感觉。

第 7 章　恒心签客，临门一脚达成交易

Chao ji kou cai xun lian

第8章 赤心交客，优化服务

8.1　如何关联销售其他产品

 情景再现

在顾客决定购买某种药品或保健品后，销售人员依据产品的特性，从功效最大化出发，为顾客推荐相应的其他药品或保健品。

 情景分析

顾客付款，说明顾客认可了药品的功效，并且对销售人员的服务很满意；在此基础上，销售人员可以依据具体情况，向顾客介绍待售药品以外的关联产品，以完善服务。

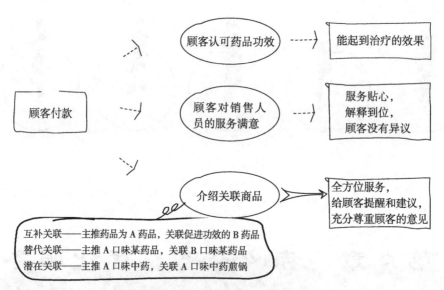

抓住情景重点：（1）销售关联产品，要根据顾客购买的药品来推荐。
　　　　　　　　（2）完善售后服务，为顾客提供相关信息。
　　　　　　　　（3）珍惜每个顾客资源，为顾客提供全方位服务。

销售人员要学会药品的关联销售，提醒关联信息要自然、科学，本着全方位服务的宗旨，在提供信息的同时帮助顾客扩大选择面，并充分尊重顾客的意愿。

 **口才金句**

口才 1
　　这款专治过敏的痘痘帖您用了以后，毛孔会处于舒张状态，如果您搭配使用收敛型维E软膏，效果会更好，不知道您是否愿意试一试？

　　通过互补关联直截了当地跟顾客提出建议。

口才 2
　　女士，您看，您选了这么多的中药原料，不知道您家里是否有中药专用的煎锅？其实用普通砂锅也是可以的，但若经常熬制中药补品，有一个专用的煎锅会更方便，也省得您来回清洗。您要不要看看我们最新推出的电子煎锅？

　　通过潜在关联提醒顾客购买中药材的同时，不要忘记熬制中药材的工具。

口才 3
　　您选的这个口味是原味的，如果您考虑到孩子年纪还小，怕服药的时候不方便，这边还有水果味的，您可以买一盒试试，看看到底哪个口味孩子更愿意服用。

　　通过替换关联向顾客介绍相同功效不同口味的药品，从顾客的角度出发，为顾客提供贴心的服务。

 **口才误区**

1. 这边还有一款药品，与您买的一起服用效果更好。
　　这种说法听起来太牵强，并且没有详细的说明，顾客不会心动。

2. 您想不想再看看其他的感冒药，不同品牌的都试试，有益无害啊。
　　这样说话不得体，药品不像食品可以相互搭配，有一种就可以了。

3. 看您买了降压药，我们这里还有降血脂的药品，您要不要看一下。
　　推荐要切合实际，不能依据顾客购买降压药就断定顾客患有高血脂等疾病，这样会招致顾客反感。

4. 我们这里有宣传单，上面有产品组合，您可以看着买，效果都挺好的。
　　顾客非专业人士出身，因此并不懂得药品间的促进作用，需要销售人员进行详细讲解。

8.2　如何引导顾客拿单付款

情景再现

顾客确定购买药品或保健品后，销售人员应该明确告知顾客拿单交款的流程，便于顾客快速而准确地到达付款处付款，从而完成交易。

情景分析

在付款环节，销售人员应当提前告知具体流程，通过有效率的服务节约顾客的付款时间，创造井然有序且高效的服务氛围。

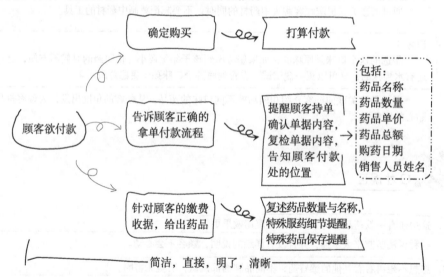

抓住情景重点：（1）准确填写购买的单据，项目填写要准确。
（2）告知付款流程，让顾客了解付款过程，节约双方时间。
（3）确认药品的信息，与顾客核对所支付药品的信息，尤其是金额与数量。

销售人员在顾客确定购买药品或保健品时，应快速而专业地为顾客开单，协助顾客完成付款，同时提醒顾客服用或保存特殊药品的注意事项。

口才金句

口才 1

如果没有问题，我就为您开单了。您所购买的药品包括 ×× 牌的退烧药一盒、××牌的止咳药两盒。止疼药您还需要吗？好的，那就这些，一共是 65 元。请您拿好票据，到门口收银台付款，付款后到这边领药就可以了。

在顾客选药完毕后，销售人员可以采用边念边写的形式，与顾客核对药品信息，尤其是药品品牌和数量，同时指导顾客到收银台付款。

口才 2

李女士，单子开好了，您拿着它到收银台付款，之后再拿着单据来我这边拿药，记得将粉色小票带回来。我先将您的药品给您装好。

对于老年顾客，销售人员在交代流程时，要采用形象易懂的语言，便于顾客记忆。

口才 3

张叔叔，这是您购买的保健品，我都给您放在手提袋里了。您看，维生素 D 一盒，葡萄糖酸钙口服溶液三盒，栓剂五支，都齐了，您拿好。您回去一定要注意，栓剂使用后，要放冰箱冷藏室保存。药品包装上都有提醒，您使用之前注意看看。

与顾客再次核对药品或保健品信息，确认不会少放或错放，对于特殊药品的特殊保存方式应再次提醒，同时叮嘱顾客使用药品前，注意阅读包装上的说明。

口才误区

1. 您拿着小票到那边付款就行了。

这种笼统的表达方式，没有说明付款流程和方位，顾客会因此产生被怠慢感。

2. 我这不负责划价，您到收银台直接付款就行了。

没有说明药品价格，会让顾客心里没底，即使自己真的不负责划价，也要告知顾客一个大概的价格范围。

3. 您从这边下楼，然后先左拐，再右拐，看见付款指示牌，您就看到我们的收银台了。

这样描述付款路径过于繁琐，顾客会因此感觉迷茫，而只能自己再问。

4. 这是您买的药品，您拿好。

销售人员应该再次确认药品信息，并当着顾客的面进行清点。

第 8 章　赤心交客，优化服务

医药保健品销售人员超级口才训练

8.3 如何再次提醒服用的禁忌

情景再现

　　顾客成功付款之后，销售人员应该再次提醒顾客在服用药品或使用保健品期间应该注意的具体事项，以免顾客在使用药品时产生药效不明显或者过敏反应等现象。

情景分析

　　顾客付款完毕后，销售人员要通过简明扼要的语言，再次提醒顾客药品或保健品服用的禁忌，这样能加深顾客对药品服用方法的印象，防止顾客在服用过程中出现意外。

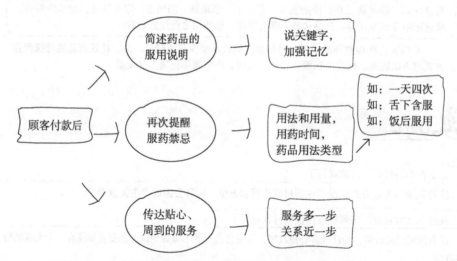

　　抓住情景重点：（1）提炼服用说明，在规格、用法用量、功能主治、不良反应与注意事项等方面进行提示。

　　　　　　　　　（2）明确服用禁忌：告知顾客药品不能与何种药品和食物同时服用或同期服用。

　　　　　　　　　（3）指出服用最佳方式：告知顾客药品用温水送服效果最好等提高药效的手段。

　　在顾客为自己的药品或者保健品付款后，销售人员应再次提醒药品的服用禁忌，这样便于顾客快速掌握药品或保健品的使用方法。

口才金句

口才 1
> 女士，这款胃肠药一日需要服四次，不要空腹服用。请严格按照说明书使用，您服用一个疗程以后，会有明显的效果。

简单提醒顾客药品的使用方式，直接告知顾客药品的服用禁忌。

口才 2
> 孙大爷，您所购买的是中成药，在联合服用时，首先为避免药内成分相互影响，建议在几种药品服用之间间隔至少一小时以上；其次，要注意吞服，千万别为了方便吸收而将其咀嚼成粉再吞服。这两点您一定要注意。

对于说明书上没有注明的药品搭配常识，或顾客容易出现的服药误区，销售人员要当面着重点出，避免因药品失效或其他情况给顾客带来不必要的麻烦。

口才 3
> 这款药品的主要成分是硝酸甘油，口服是没有效果的，需要舌下含服，含服一片约三四分钟就会见效。

服药方式是保证药物治疗的关键，作为销售人员，一定要特别提醒顾客严格遵从药品或保健品的说明书正确用药。

口才误区

1. 这是您的药品，欢迎您下次再来。
   没有给予顾客特别提醒，顾客很容易采用错误的服用方式。

2. 这个药应该是一次两片吧，具体的用法用量请您参照说明书。
   销售人员要准确理解药理知识，进而为顾客答疑解惑。

3. 这种药品不能空腹服用，不能含服，不能睡前服用，记住这些就好了。
   这样说话太啰嗦。如果销售人员担心顾客的使用方式不当，直接告知具体的使用方式便可。

4. 怎么服用都可以，不会有副作用，都会被人体吸收的。
   销售人员应当根据药品的药理和药效告知顾客最有效的服用方式，而不是笼统地一概而过。

8.4 如何重申操作规范

 情景再现

对于购买保健器材或保健品仪器的顾客，销售人员要仔细讲解操作规范。当顾客付款后，销售人员要重申操作规范，以便于顾客熟练操作。

 情景分析

在顾客付款后，销售人员应该主动询问顾客对保健仪器的用法是否掌握，在顾客认可的情形下，再次示范仪器的操作流程，方便顾客更好地使用。

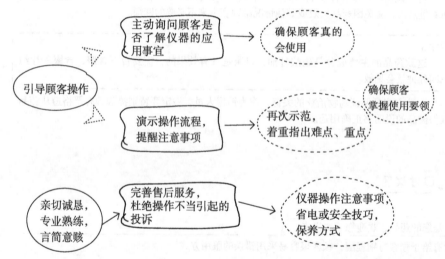

抓住情景重点：（1）询问顾客对仪器操作的了解程度，补充顾客不知道或不注意的事项。
（2）重申保健仪器的操作过程，形象立体地为顾客再次展示仪器的使用过程。
（3）补充说明仪器的注意事项和使用窍门，使顾客快速了解并避开仪器的操作禁忌。

对于购买完保健仪器的顾客，销售人员应该再次引导顾客进行仪器操作，这样不仅有利于顾客快速了解保健仪器的信息与使用过程，还能充分体现销售人员的专业与敬业。

口才金句

口才 1

先生，这按摩椅看起来复杂，其实操作很简单。您看，首先将机器的角度与距离调节到适当的幅度，再打开电源，按下开关键，选择您喜欢的功能键，这边是调节按摩强度的，这边是调节按摩时间的，是不是很简单？

简单形象地为顾客进行现场演示，再加上生动的口头描述，让顾客清晰直观地学习到操作流程。

口才 2

大叔，这是您要买的按摩腰带，您每次使用后，请不要将按摩腰带及其配件用水（或其他液体）冲洗或者浸泡。当您清洁腰带或不使用本腰带时，请不要插着电源，这样可以有效延长保健腰带的使用寿命。

在顾客了解保健仪器的使用方法后，还应告知其注意事项，避免顾客在使用过程中发生意外。

口才 3

先生，在您用过这款按摩椅后，一定要确保它处于关闭状态后再离开，一方面是避免它在没有人的状况下持续工作，既浪费能源又减少仪器的使用寿命；另一方面还可以避免它在没有人的情况下发生短路等不必要的事故。

销售人员应该将顾客们经常忽略的、关乎生命安全及财产安全的注意事项告知顾客。

口才误区

1. 您先操作一次，我看一看，再把您不规范的过程指出来。

这样说话不规范，销售人员应该指导顾客完成操作过程。

2. 如果您想调节到这个功效，需要先按这个键、再按"向下"键，再按那个键，再……

这种表达方式对操作的说明太繁琐，顾客会因为跟不上说明的节奏而拒绝接受规范操作。

3. 只要您正确使用这款保健仪，就可以有效地缓解失眠等症状。

这种说法偏离主题，顾客一定是知道产品功效后才选择购买的，销售人员应主要说明操作规范。

4. 很多人都会犯这种低级的错误，您千万不要这么做，这样对保健仪器寿命有影响。

这样说话不礼貌，要从正面告诉顾客保健仪器的正确使用方法。

8.5 如何留下顾客的联系方式

情景再现

当顾客拿着购买的药品准备离开店面时，销售人员应巧妙地留下顾客的联系方式，便于药店储备顾客的个人信息，为长远销售作打算。

情景分析

顾客购买药品后，一般都会急于离开店铺。这时候为了留下顾客的电话号码，销售人员应该从顾客的既得利益、药店的长远利益和销售人员自身服务的完善三方面予以考虑。

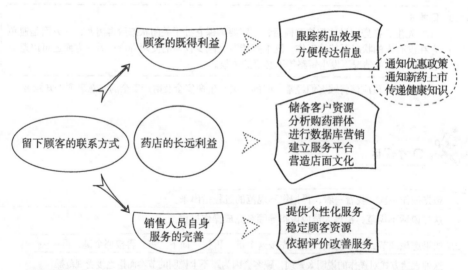

抓住情景重点： （1）先赢得顾客信任，再以灵活的方式在顾客同意的情况下取得顾客号码。

（2）以服务为依托，用既得利益与长远利益吸引顾客。

（3）展现顾客福利：顾客可通过手机平台定期收到优惠信息。

销售人员请求顾客留下电话号码时，要以顾客的利益为出发点，以公正、恳切的态度表明服务宗旨，以利于顾客自愿留下联系方式。

口才金句

口才 1

先生，还有个消息要告诉您，我们药店一直在推广"买赠"活动。您可以留个电话，这样我们的客服人员会定期给您发送优惠信息。

从顾客的利益出发，告知顾客"买赠"的优惠消息，吸引顾客并让其留下联系方式。

口才 2

阿姨，像您这样的情况，药品的服用疗程会稍微长一点。为了方便我们追踪您的治疗情况，请留下您的电话号码，这样每到一个服用周期结束，我们会及时与您联系，了解您的服药效果，同时您也可以随时将您服用药品的情况反馈给我们。这也是我们店新推出的个性化服务。

针对购药疗程长或持续性购药的顾客，销售人员要以追踪病况为由留下顾客的基本信息，并如实告知药店的个性服务信息，以便为其建立档案。

口才 3

女士，请留步，为了更加完善我们的服务质量，我们店正在推出一项活动——扫微信二维码，说出您的想法。您对我们店有什么意见、建议，甚至是对药品信息的询问，都可以通过微信平台与我们互动。参加这个活动的顾客现在还可以得到一个小礼品。

向顾客说明店铺微信活动的目的和意义，并通过赠送顾客小礼品，轻松自然地留下顾客的联系方式。

口才误区

1. 您一定接到过很多骚扰电话，您放心好了，我们不会无缘无故给您打电话的。

   不要将负面事情与索要联系方式的行为挂钩，这样会使顾客过于敏感而拒绝。

2. 您别担心，我们是不会将您的个人信息泄露的。

   这种说法没有说服力，顾客会产生逆反心理，为销售人员取得联系方式增加难度。

3. 这是我们店为顾客精心准备的宣传册，有什么需求，您可以给我们打电话。

   与其等待顾客主动联系，不如通过技巧当场留下顾客的联系方式。

4. 您把电话号码留下，我们有优惠活动可以提前通知您。

   顾客会怀疑销售人员的目的，并认为留下电话号码存在风险。

8.6 如何说服顾客成为会员

情景再现

当顾客提着购买的保健品准备离开时，销售人员应该主动询问顾客是否有意愿成为店内会员，通过技巧征得顾客同意，这样有利于稳定顾客群体。

情景分析

当顾客没有办理会员卡的想法时，销售人员应从顾客的实际利益出发，真正激发顾客的兴趣，使其成为会员，并告知具体的会员权益。

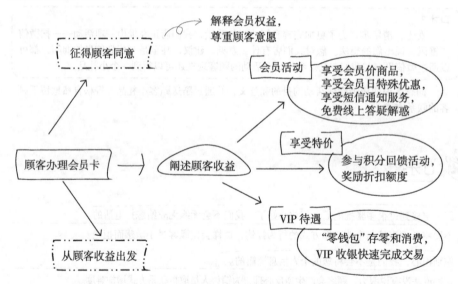

抓住情景重点：（1）用技巧说话，征求顾客同意。

（2）明确会员特权，从会员活动、会员特价与会员待遇等方面具体予以佐证。

（3）以顾客利益为基础，发展会员，完成顾客的积累。

销售人员要发展顾客成为店内会员，须征求顾客的同意。销售人员介绍会员特权时要突出亮点，陈述利益要清晰明确。

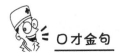

口才金句

口才 1

女士，请稍等，我看您特别注意保养，不如办一张会员卡吧！这样积分到一定程度会有礼物兑换，而且付款时，可以享受 VIP 待遇，不用排队，节省时间。具体的会员卡使用说明可以参照这本使用手册，把它一起放进您的购物袋里吧。

开门见山，直接点明办理会员卡的好处。对于年轻的女顾客来讲，节省付款时间和积分兑换礼物是非常好的理由。

口才 2

女士，您办张会员卡吧，年纪大了，免不了有个头疼脑热，腰酸腿疼，有会员卡，消费金额可以直接以积分形式转化为现金折返给您，一元钱是一个积分，这样我们每半年结算的时候，您可以直接用积分来消费购买药品，这样的优惠力度还是很大的。

对于经常光顾药店的老年顾客，销售人员可以从精打细算的角度，说服顾客成为会员。

口才 3

老先生，您是我们的老顾客了，这次您一共消费了 500 元，可以办张会员卡了。有了会员卡您对药品的服用有任何疑问都可以直接打电话咨询店内的药师，买药的时候还可以享受不同程度的优惠，这是很划算的。

用办理会员卡可以随时享受咨询服务来吸引老顾客。

口才误区

1. 哦，没关系，您想好了也随时可以过来办理。

这种说法会让销售人员痛失顾客资源。销售人员不应该将顾客推向门外，而应该尽力说服每一位顾客。

2. 女士，您也看到了，刚刚那位阿姨购买治疗腰腿疼的药品一下子省了 100 多块钱呢。

这种对比不恰当，不能用顾客购买药品花费的金额来进行对比，这样会使顾客反感。

3. 像您这样频繁购买药品的顾客就应该办理会员业务。

这样说话不恰当，药品与其他商品不同，不以多买为荣，销售人员要尽量回避此类话题。

4. 办理会员卡可以为您省下很多钱，您还可以买更多的药品。

这样说话不妥当，顾客不是以买药为目的，而是为了缓解病痛，不是药品买得越多越好。

8.7 如何派送宣传资料

情景再现

顾客付款之后，销售人员要见机行事，巧妙而有效地将宣传资料送达到顾客手中，既方便顾客了解与己相关的信息，又方便药店宣传。

情景分析

要想成功地向顾客派送店内的宣传资料，销售人员应该从宣传资料对顾客的益处着手，重点描述能引起顾客注意的利益关注点，使顾客自愿接受宣传资料。

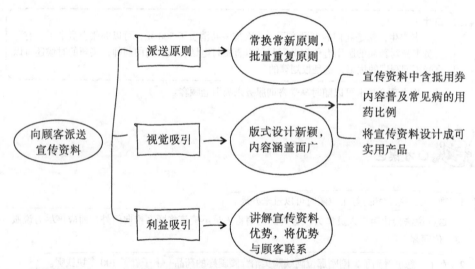

抓住情景重点：（1）严格地遵循宣传策略，根据顾客的行为习惯来撰写宣传文案。
（2）明确宣传资料的优势，用简单有效的话术快速吸引顾客眼球。
（3）让顾客对药品感兴趣，主动将宣传资料放进顾客的购物袋内并提醒顾客查看。

派发资料看似简单，但要想得到顾客的首肯，销售人员必须学会以利益点吸引顾客，扩大顾客对宣传资料的利用率。

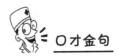 **口才金句**

口才 1
张先生，这是我们最新的促销资料，里面有五元的折扣券，您拿好。

直接用优惠券吸引顾客注意。

口才 2
女士，您好，这是我们店这期的健康知识手册，里面有一些健康生活常识，希望能帮到您。您看，这是我们店的电子商务平台的二维码，您只要扫一下，就可以直接通过网站购物了，您有空可以体验一下，特别方便。

派发周期性的健康知识手册，并强调本期的亮点；通过介绍二维码，教会顾客网上购买，培养网上顾客群。

口才 3
先生，这是我们店内保健品的"百科全书"，里面有各类保健品的成分、分类介绍和服用禁忌，信息非常全面。您有什么想知道的，都能在里面找到答案，您拿好。

将保健品手册比喻成百科全书，从而引起顾客注意。

 **口才误区**

1. 先生，这是我们店内的宣传资料，给您看一看。

这样说话太过平淡，顾客听不出任何需要接受的理由。

2. 李女士，虽然您常来买药，可能有些药品您还不是很熟悉，这里有宣传资料给您看一看。

这种说法条理不清晰，没有说出顾客想听的。老顾客对购买的药品固定且熟悉，因此不需要了解。

3. 先生，您留个电子邮箱吧，我们可以将电子版宣传资料发送给您。

没有说明宣传资料对于顾客的利益，就贸然索取顾客电子邮箱，这样反而会引起顾客的警惕心理。

8.8 如何邀请顾客下次再来

情景再现

顾客带着购买好的保健品离开店面，在下次有购买需求时仍会再次光临。要做到这一点，销售人员需要完善服务细节，尽力邀请顾客下次再来，将顾客培养为回头客。

情景分析

每一位顾客的背后都有 N 名亲朋好友及同事等，如果你赢得了一位顾客的良好口碑，可能会赢得 N 个人的好感，何况开发新顾客是留住老顾客的 N 倍成本。

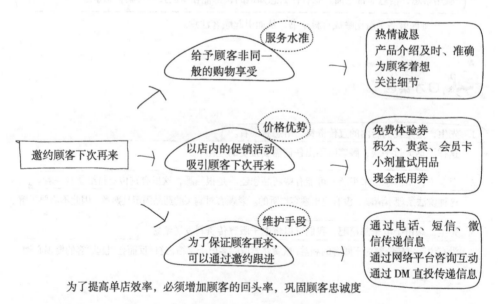

为了提高单店效率，必须增加顾客的回头率，巩固顾客忠诚度

抓住情景重点：（1）让顾客享受到购物带来的满意与舒适。

（2）记住顾客的相关特点，以为其提供个性化服务。

（3）以最佳的专业能力得到顾客的认可。

销售人员邀请顾客下次再来时，要以顾客的权益为根本，用保健品销售人员特有的专业能力令顾客信服，从而让其再次光临成为老顾客。

 口才金句

口才 1
张女士，您在服用这款胶原蛋白口服溶液时，一定要记得是隔天服用，别间隔太久也别太勤。您工作那么忙可千万别忘了。另外，这是第一阶段的，半个月后您再过来，我为您挑选第二阶段的，一定让您的皮肤白里透红，水润光泽。

通过提醒保健品的服用方式，给予顾客贴心的服务感受；利用保健品本身的阶段周期，邀请顾客下次光临。

口才 2
先生，这次您购买的保健品金额已达到我们店金卡会员的标准，这是我们为金卡会员提供的体验券，您下次再来店里可以免费测量体质，我们会当场帮您分析体质状况。您什么时候有空可以提前给我们打电话，我帮您安排一下。

说明免费赠送代金券的理由，让顾客感受到尊重，提升购物感受；巧妙说明代金券给客户带来的收益，并通过提前帮助客户安排预约，成功邀约客户。

口才 3
大姐，您今天购买的保健品金额已经达到我们店的金卡会员标准，这是免费为达到金额的顾客提供的一张会员卡，里面已经预先充好十元现金，您下次来就可以直接使用了。

通过会员卡活动，间接地邀请顾客再次光临。

 口才误区

1. 先生，您下次再来的时候，一定要记得找我，我叫××，可以给您优惠。
这种态度不专业。销售人员当下的目的是邀请顾客下次再来。

2. 那您留个电话号码吧，我可以在您忘记的时候提醒您一下。
这种说法目的性太强，会增强顾客的戒备心。

3. 您这保健品是三天一个疗程，三天后您什么时候来？
这种说法具有逼迫性，顾客会因为压力而不想再来。

4. 您可以试试这款试用品，如果效果好，您再回来买吧。
这种说法铺垫不足，顾客会想："我就只能用试用品吗？"

8.9 如何管理顾客信息

情景再现

顾客提着药品离开店面以后，销售人员应该立即登陆顾客信息管理系统，做好信息管理工作，便于以后为顾客提供具有针对性的服务。

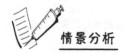

情景分析

顾客离店并不意味着销售工作的结束，而是服务的开始。销售人员对于重点顾客的信息登记和档案管理要做到准确、清晰、细致，以达成管理顾客信息的目的。

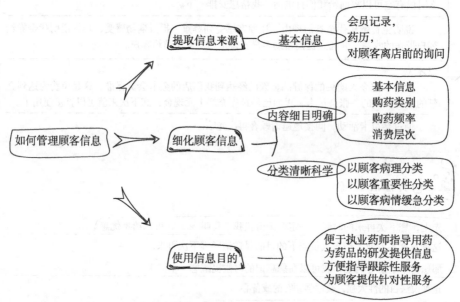

抓住情景重点：（1）建立信息科学准确。

（2）根据信息库内容进行定期分类和总结。

（3）为后续服务打下基础。

在顾客离开药店后，销售人员应迅速而准确地完善顾客信息，通过完成信息管理工作搭建顾客服务数据库。

口才金句

口才1

　　先生，您购买的保健品是辅助您用药治疗使用的，疗程服用周期比较长，为了更好地保证您的用药安全，最大化地达到辅助治疗的效果，我们特意为您建立了顾客信息档案，现在麻烦您将家庭地址告诉我，以便我将信息录入系统。

　　直接了当地告诉顾客药店收集顾客档案信息的目的，从而完善顾客信息档案。

口才2

　　您好，请问是张先生吗？我们这里是××药店，您昨天在我们这里购买了三个疗程的中药，现在想做一个回访，跟您核实几个问题。请问，您是按照药品服用说明，每天按时服用吗？好的，是在饭后半小时服用的吧？您这边还有什么问题需要反馈吗？

　　与顾客电话联系时，先表明销售人员身份，消除顾客疑虑，再在回访顾客时提醒用药注意的问题，并在通话后及时做好信息登记。

口才3

　　李女士，您好，我是××药店的执业医师××，通过后台信息，我了解到您上次购买的保健品第一个疗程今天刚好用完，您看您什么时候再来拿第二个疗程的保健品，我提前为您准备好。

　　根据顾客信息，提醒顾客疗程的期限，提升顾客的服务感受。

口才误区

1. 先生，能问您几个简单的问题吗？

　　这样说话太直白，且没有表达清楚提问的目的，很容易引起顾客的怀疑。

2. 先生，请留步，我们药店要对顾客档案信息进行登记，您现在方便吗？

　　这样用词不准确且表述不明确，顾客会因为怕泄露隐私而拒绝。

3. 您好，是李先生吧，我是××药店的销售人员，我叫××，上次您在我们药店……

　　这种说法目的不明确，铺垫太过冗长，顾客会因失去耐心而挂断电话。

4. 请您留下具体信息，不然我们怎么和您联系啊？

　　不能用这么直白的表述生硬地要求顾客留下信息。

Chao ji kou cai xun lian

8.10 如何进行有效的电话回访

情景再现

在顾客买到合适的药品或者保健品离开店铺后，销售人员要按照正确的服务流程，通过电话沟通的方式定期定时地对一些重要顾客或特殊顾客进行回访。

情景分析

及时地进行电话回访是维护顾客关系，得到反馈信息，提升服务必不可少的销售步骤。销售人员要依据有效回访的标准，严格遵照回访步骤，保证电话回访的有效性。

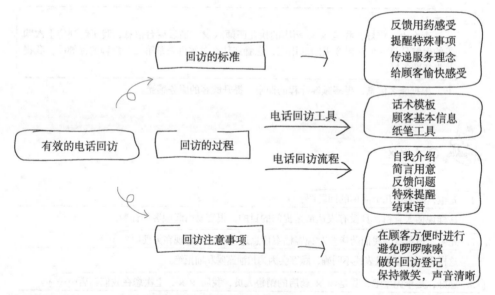

抓住情景重点： （1）按照回访的标准，做好电话回访的准备工作。
（2）按照回访的过程，达成每个电话回访的目的。
（3）牢记回访注意事项，避免回访过程中被突发事件打乱。

做好电话回访工作，可以有效地传递品牌形象，拉近客户关系。同时，高效的电话回访是进一步销售的重要前提。

 **口才金句**

口才 1
张先生，您好。您现在说话方便吧，我是××保健品店的××，您上次在我们这边购买过一款调节血脂的保健品，今天想回访一下您的用药效果。您有什么问题需要反馈吗？

交代身份、事由，一气呵成地告知顾客电话回访目的。

口才 2
李女士，您好。我是××药店的××，我看了您的档案信息，今天正好是您服用保健品满三个疗程的日子，特意给您打个电话，问一问效果。您服用后感觉怎么样？

电话回访的时候，要注意语气随和自然，尽量用唠家常的方式传递服务信息及获取顾客意见。

口才 3
您好，张先生，我是××药房的销售人员，给您打电话的目的是下个月我们有保健品七折促销活动。我留意到您之前购买的保健品也在活动范围内，所以把这个好消息通知给您。关于促销活动的具体时间稍后会发送到您的手机上，请您注意查收，祝您身体健康！

对于老顾客，通过电话回访告知促销优惠信息，让顾客获得实惠，并同时提升药店服务美誉度。

 **口才误区**

1. 上次您来我们药店买过药品，这次电话回访的主要目的是想了解您对药品的看法。
   这种说法没有进行自我介绍，会让顾客摸不到头脑，为电话回访制造困难。

2. 张先生，您好。您能听清我说话吗？我是××药店的××，您能听见吗？
   回访时需要避免客观因素，不能一直重复一句话。

3. 是张先生吧，你好。前几天您在我们这边购买了一款治疗脱发的保健品……
   这样说话欠考虑，销售人员要不提或少提涉及到顾客隐私的话题，如有遇到，让顾客先开口。

4. 您好，上次您从我们药店买过一款调节皮肤水油平衡的保健品，效果……
   电话回访时销售人员要注意语言逻辑和说话顺序，切勿贸然进行。

第 8 章　赤心交客，优化服务

8.11　如何有效地进行走访

情景再现

销售人员应先明确特殊顾客的联系方式，制订相应走访计划，为日后走访做准备。

情景分析

有效的实地走访和面对面的沟通，可以拉近顾客与销售人员之间的关系，并当场解决顾客的问题，有利于在树立店面形象的同时提高药店服务质量。

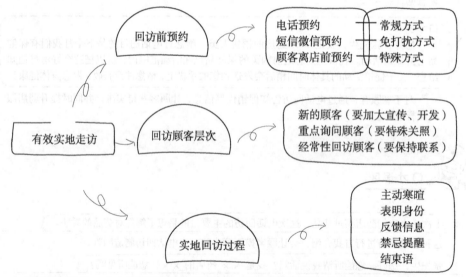

抓住情景重点： （1）实地回访前要主动预约，取得顾客同意并确定回访时间。
（2）了解回访顾客层级，针对不同类型的顾客做好不同的准备。
（3）明确回访过程，以周全服务为目的，有针对性地增减回访步骤。

实地回访是了解顾客信息最有效的方式，这样不仅可以快速提高店面形象，传播品牌文化，同时有利于扩大目标市场。

口才金句

口才 1

您好，李女士，我是××药房的××，您最近的心脏不适症状有缓解吗？据我们信息库显示，您的药品马上就用完了。我明天有时间，想过去看看您的具体情况，再针对您现在的状况为您配药。您明天方便吗？

先通过电话预约征得顾客同意，再确定走访时间。

口才 2

李女士，您好，我是上周日与您约好的销售人员，这次过来主要是探视您与胎儿的健康状况。怀孕期间有些特殊状况也是正常的，我会定期过来探视，根据您的情况为您调配党参、枸杞等滋养阴血的中药，这一定是对您的胎儿有益处的。

对于孕妇这类特殊群体，销售人员在关注母体健康状况的情况下还应为胎儿多考虑，这样更有利于销售工作顺利进行。

口才 3

孙女士，看见您健康我就放心了，您记得要多多休息。很高兴与您聊天，回去之后，我会把您的具体情况记录在信息系统中。这是我的名片，上面有我的手机号码，以后有什么问题您也可以随时反馈给我。

销售人员主动留下联系方式，既可以表明自己的态度坦诚，也利于提升药店形象。

口才误区

1. 张先生，您好。看您身体好我都替您高兴，您最近除了吃药，还做了哪些体育活动……

这种说法严重跑题，没有明确实地走访的目的，浪费了时间成本和人力成本。

2. 周姐，您不记得我啦，我是××药店的××。您再好好想想，您真的不记得我了？

重复问一个问题，会使顾客陷入尴尬境地，销售人员可以直奔主题。

3. 您就是王××吧，您曾在我们药店买了一款保健品，我这次过来是想了解一些情况的。

这种说法不礼貌，不能直呼顾客姓名，这样显得销售人员不专业，并疏远了与顾客的距离。

4. 李先生，您好。您有什么问题跟我说吧，小黄来不了了。

代替其他人走访更应该注意言辞，否则不仅影响自己的形象，也会损害他人的形象。

8.12　如何巧用药历

情景再现

顾客来店购药时，销售人员应先询问顾客手里是否持有药历。如果有，可以根据药历为顾客配药，这样可省去询问症状等浪费的时间，也可以更准确地服务于顾客。

情景分析

顾客在购买药品或保健品之前，销售人员可以询问顾客是否有药历，或者是否有过相关的用药经历，目的是为顾客推荐合适的药品或保健品，提高用药保障。

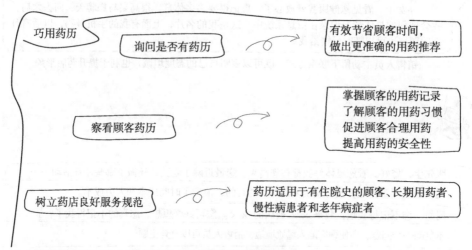

巧用药历

询问是否有药历　→　有效节省顾客时间，做出更准确的用药推荐

察看顾客药历　→　掌握顾客的用药记录 了解顾客的用药习惯 促进顾客合理用药 提高用药的安全性

树立药店良好服务规范　→　药历适用于有住院史的顾客、长期用药者、慢性病患者和老年病症者

抓住情景重点：（1）结合药历，更高效地为顾客服务。
（2）通过药历，为顾客购药提供合理的推荐。
（3）适时登记顾客购买药品或保健品的详细信息，以此替代药历，为顾客建档。

针对长期购药或患有慢性疾病的顾客，销售人员要学会通过查看顾客药历，为顾客购药提供方便，并保证顾客安全、有效、经济、合理地用药。

口才金句

口才 1

您好，依据您的需求，您需要的是镇痛类药品。这类药品需要依据药历开具，请问您带药历了吗，我可以结合您的药历内容和具体信息为您推荐药品。

根据顾客的药历抓药，可以免去繁琐的询问环节，从而准确、高效地为顾客服务。

口才 2

好的，我已经看过您的药历。鉴于您既往病史中糖尿病已经有五年了，而且是过敏体质，您不妨使用我们这款降血糖的保健品，这款既不含能够转化为糖类的物质，也不会引起皮肤瘙痒、丘疹等过敏反应。

销售人员应该根据顾客的药历为顾客推荐准确的药品，让顾客感受到药品乃至药历为他带来的健康与方便。

口才 3

依据您的情况，我已经为您建立了药历档案。以后只要您报出姓名，我们就可以在药店计算机上查到您以往的用药信息。这样您下回拿药也省事多了。

对于符合条件的顾客，在征得顾客同意后，为其建立药历档案，并说明建立药历档案的作用。

口才误区

1. 您想要什么药品，我为您去拿。

即使可以满足顾客需要，也要询问顾客是否有药历，避免出现药物反应。

2. 这药历上面的内容有点多，您稍等，我再看看。

这种做法忽略了药历的作用，并没有为顾客带来方便，销售人员只需查看相关信息即可。

3. 把您的药历给我看看吧，我得先看药历，才能帮你推荐药品。

这种说法太绝对，执意查看顾客药历，会让顾客觉得隐私受到侵犯。销售人员应该先了解顾客的需求，再配合执业医师给出具体用药建议。

第 9 章 耐心抚客，妥善
处理投诉

9.1 顾客抱怨门店保健品太少，品种单一

情景再现

顾客在保健品专卖店内转了一圈，东看看，西看看，对销售人员说："我在你们店里看了好长时间，都没选到合适的产品，你们店里面的保健品太少了，品种太单一。"

情景分析

顾客抱怨店内的保健品太少或单一，说明顾客有明确的购买需求，从产品的角度提出了建议。

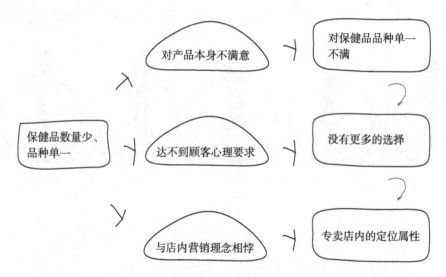

抓住情景重点：（1）详细介绍保健品特性，让顾客知道店内保健品的优势。
（2）满足顾客的购买需要，对保健品予以细分，逐一解决顾客异议。
（3）介绍店内保健品文化，点明厂家专卖保健品的服务定位。

顾客觉得保健品品种单一，数量不多，是从选择角度出发提出的顾虑，销售人员可以从专药专治更专业的角度出发，扬长避短，消除顾客的疑虑。

口才金句

口才 1

　　您说得没错，表面上看我们店内的保健品是少，这是因为这种保健品具有季节性，厂商为各个连锁店分配的货都是有限的，一来可以保证热销保健品在各连锁店都可以铺到货；二来也避免产品积压过多，超过保质期。这样，顾客购买也放心。

　　先向顾客阐明保健品数量少的真正原因，再从侧面客观地说明这是厂商直销的产品，热销且绝不会超过保质期，这样有利于顾客接受保健品。

口才 2

　　您的观察能力真是细致，的确是这样，我们店内的保健品全部都是针对"三高"顾客的，所以看着比较单一，但都是实打实的技术产品。很多顾客甚至专门走很远的路来我们店购买保健品，产品在于精而不在于多。我们店虽然利润上没有那么多的收益，但是顾客群稳定，并且大多数都是回头客。

　　从目标市场的精准化角度向顾客说明店内保健品单一的原因，通过口碑效应对保健品予以描述，使顾客信服。

口才 3

　　您说得很有道理，不知您注意到没有，像这种辅助治疗糖尿病的保健品，我们有片剂、药丸和口服液的形式，这样便于您根据自己的服用习惯选择方便的服用方式。由于我们研发的保健品多数都是面向老年顾客的，因此本着方便、便宜的原则，为顾客提供更好的保健服务。

　　先肯定顾客的想法，再通过具体案例阐述产品的特点，让顾客认识到保健品单一的真正原因。

口才误区

1. 我们店内的保健品种类是单一，但是还会有很多顾客光临，说明我们店内的保健品好。

　　没有说出保健品单一的原因，并且对保健品一味的夸赞，只会让顾客更加坚定自己的看法。

2. 数量是少了一点，但并不会影响顾客的正常购买。

　　这种说法有反驳顾客的意思，顾客听起来会不舒服。

3. 您说得很有道理，但是您也应该看得出我们是专营店吧。

　　这种说法赞同顾客程度不够，有强调顾客孤陋寡闻的感觉。

4. 怎么会呢，我从来没听别的顾客说过这样的事情。

　　这种说法言辞不当，有否定顾客的意思，这样相当于拒绝了顾客，销售人员更应该着重解释药品或保健品少且单一的原因。

9.2　顾客抱怨门店网点太少，购买不便

情景再现

顾客对着销售人员大加抱怨："你们这保健品门店未免也太少了吧，每次购买都要走很远的路，一点都不方便。"

情景分析

顾客抱怨门店太少，主要原因是顾客购买保健品不方便，希望可以通过反馈意见让情况得以改善。

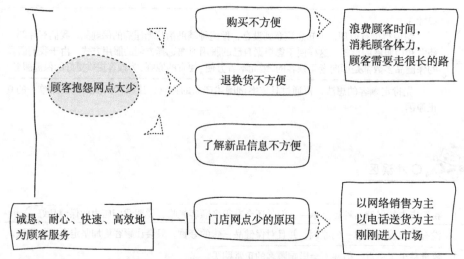

抓住情景重点：（1）积极处理顾客的抱怨，给予正面安抚。
（2）说明保健品门店少的实情，以顾客得到实惠为出发点对门店的定位进行阐述。
（3）重视顾客所反馈的信息，并将信息分门别类，为完善服务做准备。

顾客抱怨门店网点太少，说明顾客希望情况可以得到改善。销售人员可以向顾客做出详细解释，说明门店网点少的原因，同时重申药店的定位，以消除顾客的抱怨。

 **口才金句**

口才 1
　　我们在这边的网点确实少了一点，造成您的不便，很抱歉。目前我们刚刚开辟本地区的销售网络，消费者的市场反馈非常好，因此，公司也在陆续投入资金，扩大销售网络，估计在年内就能实现各区县都布满我们的门店的计划，到时候还请您多多支持。感谢您的建议，送给您一份保健品试用装，希望您以后多为我们提出宝贵意见。

　　通过陈述实情，坦言现阶段门店少的原因；通过陈述公司发展规模的扩大，告知顾客现状改善的时间；通过赠送顾客礼物，拉近顾客关系。

口才 2
　　您说得对，女士，您先别着急，我们这个保健品专营店是服务性门店，厂家的品牌口碑已经铺垫了多年。现在我们的销售渠道主要是以电话和网络为主，因此在全市所设置的网点少了一点，以后您有什么事情可以通过电话和我们联系，这是我们的名片，您收好。

　　这种表达方式对情况作了简单说明，既阐述了网点少的真正原因，又向顾客强调了门店的服务特性。

口才 3
　　我理解您说的情况，我们门店网点之所以这么少，是因为我们在为门店的投放地点做市场调查，目前暂时只开了几家体验店，等目标市场调查完毕，就会人性化地设置多家门店，那时您就会方便多了。

　　告诉顾客公司正在为增设网点而努力，让顾客了解大致情况，减少其抱怨心态。

 **口才误区**

1. 多运动运动对您身体好，还可以消磨时间。
　　这种说法有掩盖问题之嫌，顾客所提出来的问题并没有得到解决与回应。

2. 我们公司刚刚起步，门店少也是正常的。
　　这种说法暴露了不必要的信息，为顾客带来了新一轮的质疑点。

3. 我们的保健品购买人群少，根本不需要那么多门店。
　　这种说法用词不当，顾客会因此怀疑保健品质量。

4. 我们的销售渠道主要是以网店为主，您可以到网上购买，又快捷又方便。
　　虽然表面上为顾客提供了好的购买方式，但实际上又增加了顾客不能亲自感受产品的忧虑。

医药保健品销售人员超级口才训练

9.3 顾客投诉刚买的保健品降价了

情景再现

顾客拿着刚刚购买的保健品来到门店，将保健品往桌子上一放，气冲冲地说："我刚买完保健品，它就降价了，你们说该怎么办吧。"

情景分析

顾客因刚买过的保健品降价而找到当时的销售人员，是因为心理上存在巨大落差。销售人员应该客观地说明保健品降价的原因，并采取正确的处理方式。

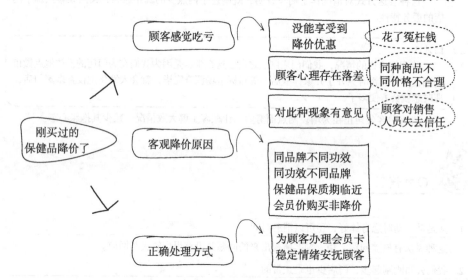

抓住情景重点：（1）肯定顾客的做法，削弱顾客的不平心理。
（2）阐明保健品降价的具体原因，解答顾客的疑惑。
（3）正确处理顾客异议，使顾客信服。

销售人员遇到因刚买完就降价而感觉吃亏的顾客，首先要安抚顾客情绪，然后说明保健品降价的具体原因，再根据顾客的意愿酌情为顾客处理。

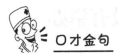

口才金句

口才 1

　　我很赞同您的做法，顾客维护自身的合法权益是理所应当的，刚买完的保健品降价了，我也会不甘心。所以，您先别着急，坐下来，慢慢听我说明这款保健品降价的真正原因。

　　销售人员应先肯定顾客的维权行为，缓解顾客的负面情绪，再阐明保健品降价的具体原因。

口才 2

　　先生，您可能有所不知，您所购买的保健品与我们店内正在促销打折的保健品，虽然功效相同，却是不同厂家生产的，这次促销是由厂家与我们药店举行的联合促销活动，您若是有心购买那款保健品，我可以在现有的基础上再给您打九折，您看怎么样？

　　说明降价的保健品与顾客所购买的保健品不是同一类保健品，同时为顾客提供购买方案供其选择。

口才 3

　　您先别着急，女士，这款保健品是会员商品，会员购买此类保健品可以享受折扣，并不是您所说的降价。如果现在您觉得合适，我也可以免费为您办理一张会员卡，那么下次您再来店里购买保健品时就可以享受折扣了，您看这样可以吗？

　　销售人员应该学会将顾客的抱怨转嫁到重复消费上，比如以会员卡的形式拉拢顾客，既能巧妙地说明保健品"降价原因"，又能稳定顾客情绪。

口才误区

1. 是这样的，要不然我为你退货吧。

　　这种处理方式不当，没有原则和依据就为顾客退货，是不负责任的表现。

2. 那您觉得怎么处理合适呢？

　　这种说话方式不正确。销售人员不能将主动权交给顾客，应该主动提出顾客能够接受的处理方式。

3. 不好意思，先生，降价活动是领导统一安排的，我们也没办法。

　　推卸责任不仅会影响领导形象，还会影响店面形象。

4. 您别太在意，还有很多顾客同样购买了您这款保健品，他们买的价格更贵。

　　这种表达的逻辑思维有问题，顾客在意的是没能享受到降价，并且透露价格总是浮动的信息也会影响销售。

第 9 章　耐心抚客，妥善处理投诉

9.4　顾客质疑宣传单上的免费活动没有举办

情景再现

顾客拿着免费活动宣传单当面质问："上次给我宣传单的时候说将举办免费活动，我一直在关注，可是你们根本就没有举办，这不是骗人吗？"

情景分析

顾客质疑店内的免费活动没举办，说明顾客看中参加免费活动给自己带来的利益。销售人员要核实活动是否已如期举行或未举行的原因，并如实告知顾客，以降低顾客投诉带来的负面影响。

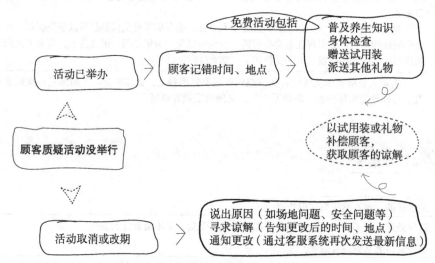

抓住情景重点：（1）查明事实真相，确认顾客投诉的信息是否准确。

（2）如实告知顾客具体原因和发生的问题。

（3）迎合顾客心理，即使是免费活动，销售人员也有义务为顾客圆满地处理投诉。

当顾客质疑免费活动没有举办时，销售人员应从顾客的立场出发，先查明具体情况，再说明原因并给出合理的解释。

口才金句

口才1

是这样的，由于报名的顾客特别多，我们原来的场地面积无法容纳，所以将活动转至另一个地点举行。同时，由于距离活动举办还有一段时间，因此我们的信息系统还没来得及发出通知。非常抱歉，让您为此专程跑一趟，这是我们更改后的具体活动地点和流程信息，我帮您抄了一份，您拿好。

为顾客详细解释免费活动没有及时举办的原因，同时当场告知顾客活动再次举办的时间、地点等信息，争取顾客原谅。

口才2

张阿姨，您看，这宣传单上写着呢，我们这次专家坐堂活动是下个月1号，不是这个月，您肯定是因为太忙把时间记混了。您放心，我有您的电话，活动开始前一定会再电话提醒您的。

即使原因是顾客记错了日期，销售人员也要讲究分寸，适度提醒，同时用后续服务安抚顾客，有利于培养顾客忠诚度。

口才3

很抱歉，女士，我们店举办的这次免费活动本身需要一部分销售人员做现场服务，结果正赶上店庆，店内业务特别忙，人手紧张，活动暂时取消了。不过您别担心，这次活动包含的免费体检与义诊活动，我们会在近期逐一安排。活动之前一定会通知您的。

告诉顾客免费活动取消的原因，并说明弥补措施，表明顾客还是会享受到免费活动，让顾客安心。

口才误区

1. 您没有参加吗？那只能等下一次了。

这样说话不专业，有忽略顾客存在的意思。

2. 您还不知道吗，我们的活动取消了。

这样说话太草率，没有原因、过程而直接说出结果，很难令顾客信服。

3. 很抱歉，我们的活动日期延后了，时间是……

这种说法没能说明活动延后的原因，很难平复顾客的负面情绪。

4. 我以药店信誉作保证，活动已经举办完，奖品我这里也没有了。

这种说法没有说服力，不管什么原因，都不能让顾客有失落感，否则很容易失去顾客。

9.5　顾客投诉用了保健品有不良反应

情景再现

顾客拿着买过的保健品找到保健品销售人员，说："吃了你们这里卖的保健品竟然有不良反应，我要投诉你们。"

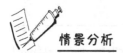

情景分析

顾客服用保健品有不良反应，有可能是保健品发挥功效的调整反应，也有可能是顾客在使用过程中方法不当造成的，销售人员应该根据具体情况给予顾客明确的答复。

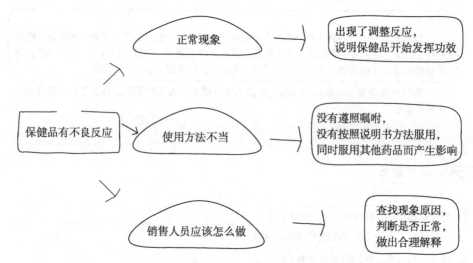

抓住情景重点：（1）根据顾客所描述的不良反应，判断是否属于正常现象。
（2）根据顾客反映的服用情况，判断使用方法是否正确。
（3）正确对待顾客的投诉，及时处理顾客反映的问题，并给予答复。

遇见顾客投诉服用保健品有不良反应时，销售人员应该主动询问顾客服用期间的症状，查找出现不良反应的原因，及时答复顾客，让顾客满意。

口才金句

口才 1

这款保健品虽然可以改善身体素质，但是最重要的一点是，不能与消炎药同时服用，否则就会出现您所说的不良反应，这一点请您仔细看一看保健品说明书。我建议您先停用这款保健品，等病情好转，不再需要服用消炎药时，再开始服用。

顾客一般很少会仔细阅读保健品的使用说明书。销售人员应该在销售保健品时就从专业的角度提醒顾客注意阅读保健品服用说明书，并提醒顾客保健品的服用禁忌。

口才 2

您别着急，这款保健品在改善目标病症的过程中可能会出现这样的调整反应，出现这种现象说明有好转，您服用的保健品发挥了作用。去年有一位顾客使用过这款保健品后，也有过类似的反应，过一个星期左右，负面症状会逐渐减轻，疾病也会有所缓解。

以实例告知顾客服用保健品期间的确会出现这样的反应，消除顾客疑虑。

口才误区

1. 您是不是在服用过程中还服用了其他药品或保健品？

   销售人员不应根据自己的想法而对具体情况予以猜测，而应该先寻找原因以解决顾客投诉。

2. 您的症状更像是高血压产生的，并不像服用保健品带来的不良反应。

   这种说法有推卸责任之嫌，销售人员没有说明此保健品不会产生高血压症状的原因，因此顾客不会相信。

3. 先生，不能一味追求病情好转而过多服用，您没看说明书吗？

   这种说法有质问顾客之意，即使顾客服用方法不当，销售人员也只需简单说明并再次强调正确服用方法即可。

4. 您先别着急，等我忙完，您再慢慢把情况告诉我。

   这种说法本末倒置，且存在态度问题。这种貌似拖延的意思，会让顾客意见升级，激化矛盾。

Chao ji kou cai xun lian

9.6 顾客投诉保健仪器坏了没人管

 **情景再现**

顾客拿着从保健品商店购买的保健仪器，找到当时的销售人员投诉说："我在你们这里买的保健仪器坏了，买的时候说的挺好，现在出了问题就没人管了。"

 **情景分析**

产品出现问题找不到负责人，这对于顾客来说是非常气愤的，必然会引发不满，从而招来投诉。销售人员在处理类似投诉时，应尽己所能帮助顾客解决问题，缕清责任，将顾客不满降至最低。

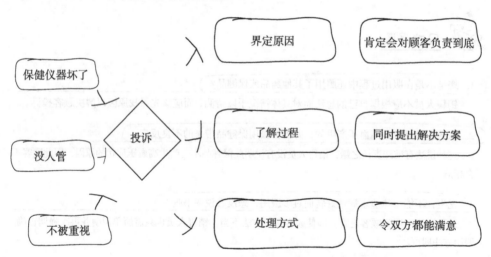

抓住情景重点： （1）让顾客安心，了解出现问题的原因和情况，强调一定会对自己的问题负责。
（2）显示诚意，让顾客感觉到你在尽力解决问题。
（3）提出可行性方案，征得顾客同意后，力求完美解决问题。

销售人员面对这种投诉时，应该严格按照保健仪器的维修流程正确处理，这样既能体现销售人员的专业化，又能完善售后服务。

口才金句

口才 1

女士，真的非常抱歉，您先别急，如果责任在我们，我们一定会妥善处理的。您先喝口水，歇一会儿，咱们先把情况说清楚，请问您是怎么发现这台仪器坏了呢？

通过提问，了解故障产生的原因，这样便于了解事情真相，明确责任。

口才 2

我了解您说的这种情况，后台维修人员可能没有及时回复您，这一点很抱歉。不过通过您刚才所说的情况，您所购买的这款仪器的损坏部分不在保修期限内，无法免费维修，但是我们会联系厂家直接以出厂价给您配置一个新的零件，您看这样可以吗？

通过顾客的描述以及产品维修规定做出判断，如实告知顾客，并提出进一步的解决方案，让顾客满意。

口才 3

很抱歉，出了这种问题我们也不想看到，您所买的仪器在七天包退换期内，您现在可以选择更换同系列的其他仪器。给您带来不便，实在抱歉，如果您选择更换更高端的款式，我们可以免除您的差价，您看可以吗？

如果确实是商家原因，且仪器又在退换期内，销售人员要引导顾客更换产品而不是退货。

口才误区

1. 您这款仪器损毁严重，没有维修价值了。

   这种说法用词不当，有反驳顾客之意。

2. 这款仪器已经不生产了，所以没法修理。

   这样说话欠考虑，销售人员应该为顾客提供一条可行的维修方案。

3. 很抱歉，这款保健仪器零配件暂时断货，不能为您修理了。

   这样说话不够委婉。缺少零配件并不是顾客的责任，这样会让顾客听起来不舒服。

4. 您所购买的这款保健仪器已经超过了保修期。

   这种说法没有逻辑性，超过保修期并不是不能修理的理由。

第 9 章　耐心抚客，妥善处理投诉

9.7 顾客投诉保健品效果不好，要求退款

情景再现

顾客将用过的保健品扔在柜台上，对销售人员说："你们卖的这款保健品吃起来一点效果都没有，快点给我退款吧。"

情景分析

顾客购买保健品后，都会从主观意识出发，希望使用过后能够达到自己心理预期效果，以至于一些顾客在服用后稍有不适就怀疑是保健品有问题，从而对效果产生质疑。

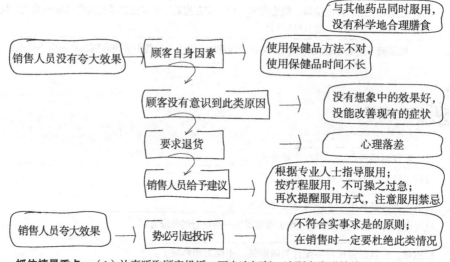

抓住情景重点：（1）认真听取顾客投诉，不中途打断，让顾客发泄情绪。
　　　　　　　　（2）引导式解疑、沟通，打消顾客退货念头。
　　　　　　　　（3）给予顾客合理建议，让顾客感觉到公平与合理。

主观因素导致顾客认为保健品效果不好时，销售人员要帮助顾客客观分析具体原因，针对具体原因适当地承担责任，合理灵活地处理。

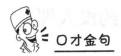

口才金句

口才 1

您对长辈的体贴让我们很感动，对于您父亲服用了我们的保健品后出现不良反应，您生气也是可以理解的。您放心，如果真是我们药店的责任，我们一定不会推卸。您能不能先让我看看您的产品和购物票据呢？

不管什么原因，先安抚顾客平息怒气，再从顾客的立场出发，表明自己处理的原则，并查询顾客购买的票据，确认保健品是否过期或生产厂家存在问题。

口才 2

我明白您说的情况，您觉得这款保健品没效果，说实话，保健品只能起到辅助治疗的作用。记得当时您说正在服用医生开的药物，因此我们建议您搭配服用此款保健品，以提升疗效。我建议您不要中断，这两种药最少要同时服用一个疗程，俗话说病去如抽丝，您不能心急。

先耐心倾听，让顾客发泄怒火，再依据顾客的情况说明保健品与药品同时服用效果最佳，可有效化解顾客投诉。

口才 3

您先别急，慢慢说。您是说服用这款养胃护胃的保健品后胃部不舒服吗？我看了后台的销售记录，您刚买了两周，保健品还没发挥作用呢。您看，这说明书上也写着呢，一个疗程要四个星期，也就是说您起码要服用一个月才能看到效果。另外，您胃不好，平时也要注意饮食，我给您提供几个简便有效的养胃小偏方，您回去慢慢看。

从服用疗程的角度，说明不是保健品效果不好，而是服药疗程不足，并通过提供药店的养胃偏方，安抚顾客，化解投诉。

口才误区

1. 您去投诉吧，我们这里进货计划、进货发票、来货票据、随货同行联、验收单都是齐的，肯定没假货，我退什么款。

这种说法偏离了顾客的意愿。销售人员要认真倾听，并在第一时间安抚顾客，才能处理好顾客投诉。

2. 您肯定没按照我之前嘱咐过的方法服用。

这种有质疑顾客使用方法不当意思的说法，会疏远销售人员与顾客的关系，为沟通制造障碍。

3. 退款？包装都拆了，肯定不能办理退款。

这种说法不专业，有推卸责任的意思。这样强硬的说法，会坚定顾客退款的决心。

9.8 顾客投诉"24小时"药店夜间买药没人理

 **情景再现**

一位顾客找到售后服务部反映情况，说："你们这外面招牌挂的是24小时药店，我昨天晚上来你们药店购买药品，按了半天铃声都没人来，太耽误事了，我要投诉你们。"

 **情景分析**

顾客投诉夜间买药没人理，是认为药店没有尽到应有的义务。药店销售人员要查明具体情况，并如实告知顾客，妥善处理投诉。

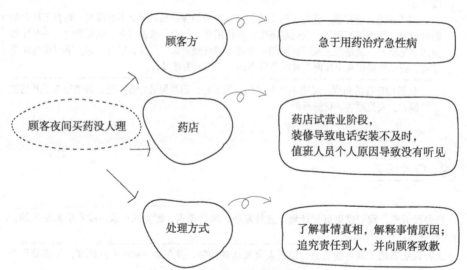

抓住情景重点：（1）急顾客之所急，改善夜间服务质量。
（2）说明实际情况，给予顾客合理解释。
（3）端正顾客投诉，公正严肃处理此事。

这种情况下顾客并非故意投诉，而是夜间急于用药而药店无人服务。销售人员应该先稳定顾客的情绪，并从客观的角度为顾客解释情况。

口才金句

口才 1

这位女士，您先喝口水消消气。实在抱歉，我们药店刚选址到这里，这几天把招牌门面都装修好了，但是人员还没完全到位，导致夜间没有服务人员，真是对不起，耽误您了。一周以后，我们就正式开业了，那时会有一些免费活动，还希望您能多多给我们提意见。

先安抚顾客，再解释药店因为在试营业阶段才会出现夜间没能提供服务的情况，以诚恳的态度取得顾客谅解。

口才 2

为您带来的不便我们深感抱歉，因为店内施工装修，造成电话线路出现故障，因此您打电话才没能打通，并不是没有人为您服务，我们会尽快检修所有线路与故障，争取不让类似的事情再次发生。

先说明没有为顾客服务的真正原因，再说明药店将采取的补救措施，减少顾客负面情绪。

口才 3

您所说的事情我已经听我们的值班人员提起了，在此我代他向您道歉。昨晚值班人员身体不适，因此未能听到门铃。您女儿高烧退了吗？那名销售人员一直为您的女儿病情担心，说耽误了您，还特意嘱咐我把这盒退烧药带给您。

让顾客看到销售人员的补救措施，给予其心理平衡，打消其投诉念头，从而达到稳定顾客的效果。

口才误区

1. 您别着急，我们一定会严肃处理那名值班人员。

这种说法有搪塞之意。顾客会怀疑事后也不采取会惩罚措施。

2. 感谢您向我们反映这件事，我们一定会加强夜间售药的服务质量。

这种说法表明销售人员没能理解顾客的意思。顾客投诉是为了维护自身权益，并非为药店提供意见。

3. 对不起，昨天我们的执业药师不在，所以没能为您提供服务。

这种说法理由不充分，执业药师不在，还有值班人员，因此并没有说出真正原因，难使人信服。

第 9 章 耐心抚客，妥善处理投诉

医药保健品销售人员超级口才训练

9.9 顾客投诉销售人员怠慢服务，态度不好

 情景再现

顾客浏览了一圈后，左顾右盼地四处寻找销售人员，可是等了半天，都没人过来，顾客拍着柜台，大声地说："你们还做不做生意了，这服务也太差了，我在这里站了半天都没人理。"

 情景分析

当顾客感觉受到怠慢时，就会对销售人员的服务提出质疑。面对顾客的投诉，销售人员首先不能过多地争辩，而要坦诚自己的失职，再给予顾客合理的解释，平息顾客的情绪。

顾客投诉销售人员怠慢服务，态度不好

感觉不受重视	给予真诚的服务
想咨询产品信息找不到人	真诚道歉，态度坦诚，语气真挚
站了半天没人理会	简明扼要陈述理由，不做多余解释
影响顾客购买心情	用后续的服务予以弥补，为顾客提供一对一服务
药店品牌、形象被破坏	让顾客心甘情愿地接受服务，并继续购买

抓住情景重点：（1）无论是什么原因，商家都要先道歉。

（2）以好态度赢得顾客谅解。

（3）以良好的服务平复顾客的情绪，给顾客足够的尊重和满足感。

处理顾客投诉时，销售人员应该以顾客利益为出发点，对于服务问题，先坦诚是自己的错误，以好的态度缓和顾客情绪，千万不要和顾客争辩。

 **口才金句**

口才 1

先生，真对不起，是我们招待不周。由于赶上清点库房，所以店里一时人手不够。您具体想看哪款保健品，我马上拿给您。这款蜂王浆特别畅销，您看这颜色是正宗的淡黄色，微泛光泽，每一瓶的颜色都一致，您这么有眼力，我拿样品给您仔细看看。

先礼于人，诚挚地道歉，并用一句话说明服务不周的原因，再通过询问顾客的需求，自然地将话题转换到保健品的介绍上来。

口才 2

抱歉，让您久等了。今天店里人特别多，一时没能赶过来，请您包涵。您看好哪款保健品了，是自己用还是送人，我给您详细介绍一下。

先用温和的语气获得顾客的理解，再说明怠慢的原因；通过选择性地提问，激发顾客的兴趣点，并将其转移到产品介绍上来。

口才 3

真不好意思，没能及时招呼您，真是抱歉！请问您想买什么保健品，我给您详细介绍一下。

以真诚的态度道歉，得到顾客谅解；通过介绍保健品，为顾客提供进一步服务。

 **口才误区**

1. 不会的，我们的销售人员一定是没看到。

这种说法有反驳顾客的意思，并且没能及时解决顾客投诉，理由牵强，有强词夺理的辩解感。

2. 您稍等，我去调查一下。

这种说法不科学，且是不礼貌的行为。销售人员不能单独将顾客留下，应先妥善处理顾客投诉后再展开调查。

3. 您放心好了，您所反映的情况我已经记下了。我们稍后一定会妥善处理的。

这种说法有敷衍了事的嫌疑。顾客会对药店大失所望，也会影响药店形象。

4. 您别急，先听我说，我们真不是故意怠慢您，我们……

过多的解释只会起到负面效果，而且有狡辩的嫌疑。

9.10 顾客因非质量问题而要求退换货

 情景再现

顾客拿着保健品找到销售人员，大声嚷道："我是来退货的，这款保健品还在退货期内，你们赶紧把这件事情给我解决了。"

 情景分析

顾客并非因为质量问题，而要求销售人员为其退货，无非是当初购买的时候产生冲动性消费，事后后悔，并以产品在退货期内为理由要求销售人员快速解决问题。

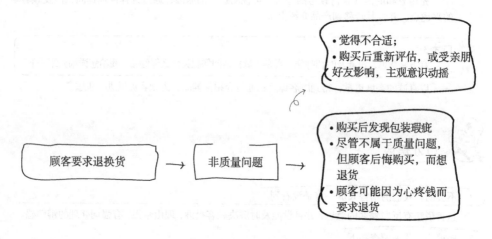

抓住情景重点：（1）了解顾客退换行为的真实想法，透过现象了解实际原因。
（2）介绍保健品优势，重树顾客信心。
（3）不影响二次销售时，尽量为其换货；制度不允许时，寻求其他途径解决。

即使是顾客因非质量问题要求退换货，销售人员也要站在顾客的角度认真考虑顾客遇到的问题，尽量采用令顾客满意的方式来处理问题。

 **口才金句**

口才 1

　　您请坐，先喝杯热水，慢慢说。如果是我们的保健品存在质量上的问题，我们店会对您所购买的保健品进行换货。即使我解决不了，我也可以请示领导，一定会给您一个满意的答复。

　　先稳定顾客情绪，再弄清楚顾客退换货的主要原因，并明确保健品的退换原则，便于事件后续处理。

口才 2

　　我明白您的意思，真对不起，让您大老远跑一趟。我已经和店长说明了情况，我们为您特殊处理一下，这就给您换一个新包装，方便您拿来送礼。另外，这是我们的一件试用品，您拿回去试试，您是我们的老顾客了，以后还请多多支持。

　　因特殊原因而造成顾客不满的，要马上帮助顾客解决问题，尽量用换货代替退货；同时给予顾客适当的安抚。

口才 3

　　真对不起，先生，这种情况我们以前没遇到过，而且销售的时候和您说明了非质量问题是不退换的。其实，这款保健品已经卖得没库存了，销量和顾客反馈效果都是很好的，您看……

　　公司规定不能退货时，销售人员要用真诚的态度为顾客解决问题，并再次阐述保健品给顾客带来的好处，让顾客打消退换货的想法。

 **口才误区**

1. 对不起，您已经拆除了包装，按规定，我们是不能为您退换的。

　　这种说法太过严肃，没有留下回旋的余地，且不利于进一步沟通。

2. 不是质量问题我们不给退换货。

　　这种说法有推卸责任的意思，会引起顾客不满，加深双方矛盾。

3. 在您购买的时候，我已经与您说了很多遍，不是质量问题不退换，您忘记了？

　　这种说法有指责顾客的意思，让顾客难堪，且不利于矛盾的解决。

4. 这款保健品效果挺好的，您还是相信我，继续服用吧。

　　销售人员没能了解原因，一味地推卸并不能真正地解决退换问题。